增长起跑线

数字营销实战指南

吴英劼 刘 丹 著

电子工业出版社·
Publishing House of Electronics Industry
北京·BEIJING

内 容 简 介

本书从数字时代的企业增长困境切入，创新性地提出了数字营销增长三要素——品牌、渠道、用户，让读者从纷繁的数字营销理论中，找到帮助企业增长的核心动能。同时，本书还提供了数字营销增长三要素详细的实战操作指南，以指导企业快速应对数字时代的营销变革与迭代，实现稳定、持续的企业增长。

本书可以让更多的传统企业和营销人了解真正的数字营销，让数字营销能真正为企业所用，让互联网真正赋能传统企业，让传统企业重新焕发生机与活力。

图书在版编目（CIP）数据

增长起跑线：数字营销实战指南 / 吴英劼，刘丹著 . —北京：电子工业出版社，2020.5

ISBN 978-7-121-38289-5

Ⅰ . ①增… Ⅱ . ①吴… ②刘… Ⅲ . ①网络营销—指南 Ⅳ . ① F713.365.2-62

中国版本图书馆 CIP 数据核字（2020）第 021644 号

责任编辑：张月萍　　　　　　　　特约编辑：田学清
印　　刷：北京盛通印刷股份有限公司
装　　订：北京盛通印刷股份有限公司
出版发行：电子工业出版社
　　　　　北京市海淀区万寿路 173 信箱　　　　　邮编：100036
开　　本：720×1000　　1/16　　印张：13.25　　　字数：236.6 千字
版　　次：2020 年 5 月第 1 版
印　　次：2021 年 5 月第 2 次印刷
印　　数：5000 册　　　定　　价：69.00 元

凡所购买电子工业出版社图书有缺损问题，请向购买书店调换。若书店售缺，请与本社发行部联系，联系及邮购电话：（010）88254888，88258888。

质量投诉请发邮件至 zlts@phei.com.cn，盗版侵权举报请发邮件到 dbqq@phei.com.cn。

本书咨询联系方式：010-51260888-819，faq@phei.com.cn。

推 荐 序

中国消费市场正在经历巨大的变革。一方面我们看到各个行业的红利期正在消失，企业增长放缓；另一方面我们也看到了一些企业和品牌借助新消费的浪潮迅速成长起来，屡屡创造奇迹，出现了局部繁荣现象。

《中国餐饮报告2018》显示，餐饮行业的闭店率高达70%，餐厅的平均寿命只有508天。但有些企业能够迅速扩张，在不太长的时间里就实现了上市。

护肤品行业同样如此。凯度消费者指数与贝恩咨询联合发布的《2018年中国购物者报告》显示，中国护肤品市场外资品牌的价值份额从2014年的31%逐渐下降到2017年的22%。但宝洁旗下的OLAY在中国地区的销售业绩在2018年增长了30%，其中电商业绩更是大涨了80%。

同时，在化妆品行业品牌众多、竞争激烈的局势下，依然出现了好几匹黑马。主打成分护肤的品牌 HomeFacial Pro 和主打高端团队研发的彩妆品牌完美日记都仅用了2年时间就成为化妆品"十亿俱乐部"的成员。

HomeFacial Pro 抓住了微信公众号红利，通过在一批优质的微信公众号上持续投放广告和高质量的软文，获得了高效的转化；完美日记从2017年年底全面布局小红书，已在小红书拥有170多万名粉丝，通过向消费者持续营销，它在2018年天猫"双

11"开场1小时28分便成为天猫美妆首个成交额破亿元的彩妆品牌。

今天的创业品牌和小品牌，如若没有一个以小博大的过程，就不可能完成原始积累，就永远不能实现真正的翻盘。

那么到底怎么以小博大呢？

我认为是"单点突破"加上"快速复制"。每个阶段都会出现一些新兴的机遇，抓住机遇就可能以小博大。

我们不得不承认，当下品牌崛起的速度，确实比以往任何时代都更为迅速。

这其实是由多个核心因素共同作用形成的。其中包括但不限于人口的变化、宏观环境的变化、渠道的变化与供给侧的变化。同时，这个时代又经历着三期叠加，即经济增长速度换挡期、结构调整阵痛期和前期刺激政策消化期。

首先，中国消费者已经变得非常复杂。

消费者的出生背景、年龄、地域、学历、收入、经历、爱好等有很大的差异。在这些很大的差异之下进行一系列的排列组合后会出现无限种组合。我们会发现，没有两个消费者是完全相同的。实际的消费者和你定位的消费者往往不一致。

其次，渠道碎片化日趋严重。

渠道碎片化也得一分为二地来看，碎片化可以避免一家独大。但碎片化容易造成资源及精力分配不合理，可能导致错失新渠道，而老渠道也没有做好。

任何一个老渠道都意味着巨大的成本支出，我认为你起码要拿出30%的精力和费用放在创新渠道上。

最后，供给侧的核心问题并不在传统渠道的触达上，今天的渠道是饱和与过载的。供给侧的核心问题是供给侧没有生产出优质的和人们真正需要的产品。

如果你做的业务看似很大，用户数量也很多，但主要原因是你的产品或服务便宜或者是免费的，那么你是无法提价的，同时你也会陷入无数竞争对手的局部价格战中。

所以，我们应该认真思考的并不是怎么赚钱，而是怎么创造价值。只要你有价值，你就能确定一个收费方式，商业模式就会出现。

我们过去强调的百年企业、百年品牌，我认为从长线来看，最为重要的依然是"基石价值观"。但身处现在这个时代，若仍用以往的品牌运作框架来操作，恐怕会失败。

我认为，传统的市场营销理论和执行模式已不再适用。每个企业的市场部、品牌部都应该基于这个时代重塑协作流程。

在互联网时代，每一次交互行为都可以被记录、被追踪、被分析，互联网也让人、货、场的关系更加密切。今天，中国互联网早已分裂成几个核心派系和无数碎片化区域，它们控制着用户与场景。用户与场景排列组合就会出现以下4种情况。

- 同一个用户的同一个场景。
- 不同用户的同一个场景。
- 同一个用户的不同场景。
- 不同用户的不同场景。

这其中还会细分出无数的情况。好在过去几年间，数字工具的应用在纯互联网企业已经非常成熟，正如书中所说，接下来，数字营销将赋能更多传统企业，在新消费时代迎来新的增长。

希望读完本书后的你，能将品牌曾经失败的教训、成功的经验一览无余，在复杂的市场环境中，找到属于自己的节奏，找到通往未来的"船票"。

沈帅波

2020年3月18日

序

在筹备本书时，我正孕育着我的宝宝，所以于我来说，本书如同我的第二个宝宝。

我从2007年加入全球最大的媒介集团群邑中国伊始，从2008年开始为成都市提供城市品牌、旅游形象在海外的整合媒体传播，是国内较早接触数字营销的专业人士之一。从2009年微博面世之后，中国的数字环境面临着剧烈的更迭，营销人的焦虑感也十分强烈，在过往的几年里，从微博、微信、抖音、今日头条，到淘宝、京东等，每一个新的平台崛起都给营销人带来多种玩法，一时间，营销人成了焦虑感很强的一批人。不计其数的在线学习课程在教各个层级的营销人如何编写微信公众号文章、如何拍视频、如何做裂变、如何做品牌，可是，营销人即使学会了这些新的技能，也依然不能带领企业走出增长停滞的泥潭。

近年来，大多数企业陷入增长乏力的困境，这种困境给企业带来了新的焦虑。在整体经济增长变缓的当下，缺乏营销如何作为企业的"发动机"的思考，是不会给企业带来增长的。

仅投放广告是不行的，只做爆品是不行的，品牌老化是不行的，不懂新一代的消费者也是不行的，这些给营销人设立了一道道门槛，增加了营销行业人员的从业难度。而与此同时，小米、喜茶、小罐茶、Lululemon这些全新的名字出现在消费者面前；故宫、鄂尔多斯、百雀羚、李宁等一大批老牌国产品牌焕发新机，以一种全新的姿态站在消费者面前。所以，站在新时代的风口，迎风而起的品牌依然不在少数。

市场发生了变化，我们需要抱着谦卑的态度去理解新的市场、新的消费者。在这个时代站在风口迎风而起的品牌，无一不是洞察到这个时代的营销规律，重新组合各方营销资源为企业所用，真正让营销成为企业的"发动机"、成为如德鲁克所说的"企业的基本功能"。

我从事数字营销11年，在这期间看到了众多异军突起的网红品牌，以及很多从0到1迅速走向辉煌又逐渐没落的淘品牌，也看到很多依然不知道如何拥抱互联网去真正实现转型的传统企业。因工作原因，我常与企业的CMO接触，在闲聊之中我发现，已经鲜有早些年谈互联网色变的情况存在了。但依然有一些企业对互联网的理解还停留在媒介层面上，它们认为互联网是相对于传统媒体而存在的新媒体；也有一些人认为互联网是年轻人玩的东西，自己做成熟品牌或者高端产品没有必要利用互联网；还有一些人对互联网的理解是微博、微信、KOL、网红，认为数字营销就是请网红、跟热点。然而这些都不是数字营销的全貌。不了解数字营销的全貌，以及不了解数字营销如何为企业所用，是无法真正发挥营销的力量并带领企业重新走向增长的。

这也是我决心写作本书的原因——让更多的传统企业和营销人了解真正的数字营销，让数字营销真正为企业所用，让互联网真正赋能传统企业，让传统企业重新焕发生机与活力。

本书的另外一个作者刘丹，同为国内较早接触数字营销的专业人士之一。她从4A离开后投身于中国高端白酒品牌水井坊的数字化改革。在这个过程中，她结识了大批来自宝洁、腾讯、京东的优秀同仁，传统快消行业的人才与互联网人才并肩，拉开了传统企业数字化改革的序幕。

正如温斯顿•丘吉尔所言，写书是一种冒险。一开始，它只是一个玩物和消遣方式。然后它变成了情人，再变成主人，接着成为暴君。最后一个阶段是，就在你即将接受它奴役的时候，你终于杀死了这个怪物并将它示众。

在本书的写作过程中，有很多人给予了我帮助。感谢飞鹤乳业的蔡方良先生与竹叶青茶业的冯云飞先生，他们不断与我讨论沟通传统市场营销与数字营销的共性与差异，并尝试为两套语言体系的打通做一个连接，是他们的启发让我萌生了写作本书的想法；感谢科特勒咨询集团（中国区）管理合伙人王赛先生和乔林先生，他们对4P理论在数字时代的延展的理论论述，给了我对数字时代营销之"道"的把握的指引；感谢我的团队成员——赵莎女士、曹雅璐女士、陈一飞女士，她们与我一起并肩作战，在多年的数字营销实践中一起积极探索。

在本书的写作过程中，刘丹也正走在白酒企业数字化改革探索的道路上。感谢舒杨女士给予的不断启发与激励，感谢郭怡然先生给予的支持与陪伴，感谢来自互联网与传统行业的战友们，我们并肩作战实现了很多行业首次。

互联网的发展日新月异，每天都在诞生新的故事和新的方法。书籍的出版工作相对严谨而漫长，在本书面世时，书中的一些故事或方法可能已经过时。但是这并不妨碍我们认识数字营销的方法论，我希望能和大家一起在中国数字营销世界中开拓全新的疆界。

希望所有的技术都能发挥它的正向作用，真正帮助企业和个人做得更好。广大传统行业和传统企业，一定可以在新兴技术和先进理念的帮助下做得更好。广阔天地，大有可为！

吴英劼

2019年8月16日于北京

目 录

再也没有通用的营销理论，
数字时代需要自己的增长方法论。

第1章

/

阻止我们增长的真正对手是谁

1.1 为何企业增长戛然而止

"当置身于中国经济高速增长的狂欢盛宴之中时，上一任市场总监认为自己创造了巨大的市场规模，实则并不是他们造就了市场，而是市场造就了他们。"

豌豆荚的联合创始人王俊煜曾经做过这样一个比喻：有时候企业就像快速上升的电梯，电梯里有人在静静地站着，有人在倒立，有人在不停地跑圈，当电梯到达最高层时，每个人都认为自己做的事才是让电梯到达最高层的最重要的原因。

以往的营销管理者错误地把企业的飞速发展归因于自己的努力，做品牌成功的以为只需要做品牌，做渠道成功的以为只需要做渠道，做销售成功的以为只需要做销售，并且他们相信只要坚持下去，企业就会持续增长。可他们不知道的是，井喷式的经济增长才是带动电梯快速上升的曳引力，他们并没有做什么，他们只是找到了电梯并走了进去。

当电梯不再上升时呢?

1.2 为何大多数企业增长停滞

经济增长的表象掩盖了大多数企业缺少科学、系统的营销方法论的事实。

1.2.1 在互联网环境中，国外的权威营销理论失灵了

阿里巴巴与腾讯的崛起，开启了独具中国特色的互联网产品的新局面。拥有可以在5分钟内售出15 000支口红的淘宝主播的淘宝、拥有超10亿月活跃用户的微信，都在缔造着新的中国商业神话。

20年前曾是中国快消行业巨头的宝洁如今已失去光环，全球电商巨头亚马逊在中国只保留了跨境电商和Kindle电子书业务，如今，"外来的和尚好念经"的局面已被打破。与此同时，众多互联网巨头已开始主动开发课程，如淘宝大学、腾讯大学；互联网的顶尖人才也相继利用在线培训，掀起互联网知识的新热度。大量新的商业模型、营销创新应用不断在中国本土企业中诞生。对于企业如何应对中国特有的商业环境，国外权威营销理论失灵了。

中国特色的互联网营销环境，站在了聚光灯下。

面对中国特色的互联网营销环境，无论是企业主还是营销管理者，都需要清零迭代、不断探索，才能应对自如。没有国外的权威营销理论可以指导企业应对中国特色的互联网营销环境。

营销不是神学，在这个瞬息万变的世界里，没有一成不变的神坛，也没有一成

不变的权威。迅速变革的移动互联网环境，为营销管理者带来了无师可学的困境，而不断摸着石头过河的尝试，也带来了全新营销理论诞生的机遇。

1.2.2　战术上的勤奋，再也掩盖不了战略上的懒惰

企业增长是各种复杂因素共同作用的结果。传播、品牌、渠道、产品承接，每个因素都必不可少。在经济高速增长的狂欢下，营销科学组合的重要性被掩盖。在10年前，"洗脑式"广告可能不会引起消费者的反感，甚至不会引起消费者的讨论，因为大多数广告都是这样做的，而且似乎没有更好的做法。

在营销基本等同于传播的年代，占领心智比较流行，因为那时消费品类还没有出现爆炸式的增长，有很多心智可供占领。这就是某些企业通过电视和纸媒进行广告轰炸而收获销量的原因。

而现在已经没有那么多心智留给营销人去占领了：消费品类爆炸式增长，新品牌不断入场——消费者上一秒在手机屏幕上看见A洗衣粉品牌，下一秒就在地铁广告牌上看见B洗衣粉品牌，所谓的占领心智，渐渐变成零和博弈。传播资源越来越贵，获客成本越来越高。传统品牌以一招一式打天下的方式不再适宜：花大力气扩散多个精致的广告，但消费者似乎对此并不感兴趣。

新的群体在变革中崛起。有一部分人认识到了营销组合拳的价值，在不断的摸索中建立了营销的终局思维——增长。无论你要投广告，还是做直销，目的都只有一个——增长。

近年来，市场上出现了很多新企业，它们以传统营销人闻所未闻的战略布局，完成了从0到1的开疆拓土。于2015年上线的拼多多，在2018年的GMV（Gross Merchandise Volume，成交总额）已经超过千亿元，其用户数量仅次于淘宝，并且在同一年上市；HomeFacial Pro，创立4年取得销售额过10亿元的佳绩，在海外化妆品垄断的传统竞争格局下，成为近年来除微商品牌外唯一一个进入化妆品"十亿俱乐部"的国产化妆品品牌。

营销不再只是大品牌的事，也不再是仅靠投广告、换创意、做地推就能成功的事，而需要系统地重新构建互联网时代的战略布局，从企业的大脑开始迭代。在这个新的环境中，无论是大品牌还是小品牌，无论是新品牌还是老品牌，只要走正确的数字化改革之路，就可能从竞争中胜出。

1.2.3 缺乏互联网新技能的传统营销人

大部分传统营销人的行为失效的主要原因是其技能过于单一。他们有的能写好文案，有的能想出好创意，有的能做好活动地推等，但仅凭一个文案、一个创意、一个活动地推已经不能解决企业增长停滞的问题了。

创意驱动的营销时代已逝，今天的营销需要把创意、公关、媒介、会员、渠道这些因素进行组合，并把这些因素整合在一起进行有效协同，才能带来用户增长和销售转化。今天的营销，需要更加体系化的思维，把单点创意放进体系中协同营销，实现集团军作战。这就是体系化营销思维。

营销是企业的"发动机"。一个好的营销管理者和营销团队，能够以品牌和产品为中心整合身边所有的资源，给企业带来用户增长、品牌建设等切实开拓市场的实战效果。而现实情况是，绝大部分企业对营销管理者的招聘需求还停留在"品牌总监"时代，它们并不了解用户增长、数字媒体、生态技术、获客效果和线上转化。

在企业的营销管理者中，具备体系化营销思维和综合能力的操盘手少之又少，大部分营销管理者缺乏整体的营销组合方法论，技能单一且缺乏整合资源的能力，自然没有办法促进企业的增长。

之所以出现这样的状况，是因为人才的稀缺与不匹配。数字时代的营销，是与技术紧密捆绑的营销。懂得技术、算法、流量的新时代营销人才基本上来自互联网企业，他们从开始工作时就已掌握了新时代营销语言。而传统营销人，由于所处环境的不同，与现在的新技术、新工具产生了严重脱节。

传统主打线下的营销人和互联网时代的纯线上数据营销人，虽然他们采取的战略不同、战术不同，但他们都是负责为企业作战的团体，如果他们不能融合，又如何为企业发展带来动力呢？

1.3 拥抱数字营销，赋能传统企业增长

数字环境对消费的影响，可能比大多数传统营销人想象中的更加深刻。

大多数传统企业认为在App中投放开屏广告、在朋友圈中发布广告，就是在做数字营销，而这也是大多数传统企业的现状。但这并不算数字营销，这只是通过数字渠道投放了传统广告。

那么，数字营销到底有哪些根本性的不同呢？

首先，在数字时代，人、货、场的关系更紧密了。电商让"场"变得无处不在，过去人们要走进商场才能做的事情，现在打开手机就能做到；"场"带来了源源不断的"人"，也就是流量，这些流量以不同的方式被引入、被激活、被转化；只要"货"的嗅觉足够敏锐，找到"场"，抓住"人"，交易就能产生。

其次，广告变得可以追踪，可以做闭环了。10年前罕有人提起"效果广告"，如今"品效合一"已经成为大多数营销机构的卖点，投资回报率已经成为营销人无法回避的问题。这一切都是因为，在互联网环境中，每次交互行为都可以被记录、被分析、被追踪，营销"作弊"的空间越来越小，可复盘性越来越大。

再次，数字环境提供了更小的试错成本，允许企业"小步快跑，快速迭代"。在以前经历漫长商务过程才能投放的广告，如今在各大平台3分钟就能实现；以前要花数月的时间才能粗略估算出效果，现在在48小时内就能做完一套A/B Test。一个不完美的广告在过去可能是致命的，但在现在，它只是一个"划算的沉没成本"。

可以说，数字营销是一个强有力的工具，让品牌可以更精准、有效地获取新用户和赚取利润。社交网络的全面普及让百雀羚花180万元的预算达到曝光1亿次的低成本爆款传播成为可能；精准的搜索让企业在市场中找到对自己产品有需求的用户成为现实；挖掘用户的工具让企业在各个流量平台上找到有意向的潜在用户并蓄水到自己的流量池成为可能；电商平台的营销让一个新品突破传统渠道的限制，在一夜之间接触到中国上亿量级的用户成为可能。在宏观环境的变化和竞争对手的进步中，不懂得利用数字营销的工具为企业服务，没有跟上时代步伐的从业者，终将被淘汰。

什么是数字营销？数字营销不是简单的对互联网工具的使用，它既包含所有数字时代的新生工具，又包含在营销战略目的下对这些新生工具的系统性的科学组合运用。数字营销以服务企业为目的，最终带领企业再次获得增长。

中国的互联网环境造就了其独特的数字渠道和用户，AT（阿里巴巴、腾讯公司的简称）等平台已经造就了比较完善的基础技术设施系统，可供各类企业自由使用。在中国市场上，企业更适合做数字营销，通过各种工具和手段去实现品牌建设、品牌传播、用户沟通、用户挖掘、产品销售等在传统意义上分散的各个企业职能。

我们生活在一个幸运的年代，在经历了经济呈指数级增长的经济爆炸时代之后，我们迎来了互联网数字环境给商业带来全新红利的时代，让我们可以换一种姿势去连接用户并与用户进行沟通。对于数字营销的运用，已经在过往10年中在互联网企业的从0到1中表现得淋漓尽致，在未来的时间里，数字营销将服务于传统企业。用数字营销重新赋能传统企业，使传统企业在这个全新的时代重新赢来增长。

接下来，就让我们进入令人激动的增长实操吧。

数字营销增长三要素：品牌、渠道、用户。

第2章

/

数字营销增长三要素

"数字经济的便利性及选择的多样性，让用户随时随地都可能被那些当下打动他的品牌吸引从而付费，这样的背景让CMO（Chief Marketing Officer，首席营销官）必须变身增长工程师，而不仅仅精通营销事件的打造及品牌的传播"。据Forrester Research预测，《财富》杂志100强品牌中至少将有8个取消CMO岗位，并将CMO的岗位职责归入CGO（Chief Growth Officer，首席增长官）的岗位职责中。

当诸如"不增长就出局"之类的言论充斥在营销人耳中时，营销人就无法规避营销到底给企业增长带来了什么直接影响这个亘古不变的话题。这个话题包含的不仅有生意人的焦虑，还有营销人的无奈。

这些改变的本质是营销管理者需要为每个决策带来的直接生意表现负责，准确找到数字时代能直接赋能生意增长的核心驱动力，这也是营销管理者必备的新技能。新的营销环境和营销工具，分别在品牌、渠道和用户3个维度上带来了可以让生意重新增长的核心驱动力。我们把这3个维度上的核心驱动力简称为"数字时代营销增长三要素"。

2.1 赢在数字时代的增长起跑线

谈到生意的增长，无论在哪个时代，企业家给生意增长定的目标都离不开3个核心需求：卖得更贵、卖得更广、卖得更多，如下图所示。当然，营销管理者还背负着几个隐形的目标：花更少的钱、用最少的时间。

卖得更贵   卖得更广   卖得更多

西方营销管理者总结了几个传统营销学理论，如4P理论［Product（产品）、Price（价格）、Place（渠道）、Promotion（宣传）］和特劳特品牌定位理论（品牌需要通过差异化定位占领用户的心智）。但以上两个传统营销学理论在当今的在移动互联网方面早已走在世界前端的中国市场中，已不再适用。

虽然4P理论的逻辑正确，但在瞬息万变的中国市场环境中，4P理论无法迅速完成动态资源配置，并快速、有针对性、有重点地找到生意增长停滞的原因。数字环境的蓬勃发展带来了富有全新生命力的商业体，如三只松鼠、韩都衣舍，这些在短短几年内快速成长的商业体大都拥有鲜明的特质，在某一方面的优势特别突出，并深挖优势，另辟蹊径。在没有大量的启动资金、大量的铺货渠道、大量的投放媒体、完整的产品开发流程、精准的定价体系和价值链的情况下，它们依旧实现了生意的迅速成长。

特劳特品牌定位理论在中国市场上的概念有所改变，其商业定位最末端的传播创意策略被放大为营销定位策略，于是为了成为用户头脑中的首要提及品牌，一个又一个的"第一""首个""高端""领导者"充斥在大街小巷的媒体中，这使得更应该关注销量、市场份额、用户份额、竞争表现的营销管理者变成关注画面宣传语和文案的创意总监,在完成所谓的占领用户心智的传播目标之后,没有系统性的科学营销执行方案去承接,企业离企业家的商业成果依旧十分遥远。

抛开这些逻辑正确的营销学理论,当营销管理者处于生意增长停滞的困境时,走出困境的方法非常简单,本质就是回归企业的核心需求:卖得更贵、卖得更广、卖得更多。

营销永远不缺理论,虽然营销管理者熟读各种营销学理论,但是他们没有形成一种能够快、准、狠地解决企业家最关注的生意增长问题的方法。营销管理者在企业成长过程中处在一个尴尬的位置,他们对生意增长的话语权不及销售总监。

中国数字媒介环境、数字化渠道的发展,将曾经在传统营销环境中被分离的营销推广与销售促进放在一个空间里进行,将曾经耗时更长的用户"从触达到购买"的链路进行了缩短和加速,使得营销活动能取得立竿见影的效果。于是,一些中国互联网原生企业总结出一个简单易懂的销量公式,完美诠释了用简单的模型管理生意增长的可能,这就是电商黄金公式:

$$销售额 = 流量 \times 转化率 \times 客单价$$

名词解释

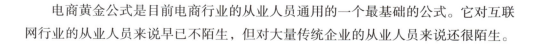

流量是指网站或者店铺的访问量

转化率是指所有到达店铺并产生购买行为的人数和所有到达店铺的人数的比率。计算方法:转化率 =(产生购买行为的人数/所有到达店铺的人数)×100%

客单价是指店铺每一个顾客平均购买商品的金额。客单价也称平均交易金额

电商黄金公式是目前电商行业的从业人员通用的一个最基础的公式。它对互联网行业的从业人员来说早已不陌生,但对大量传统企业的从业人员来说还很陌生。

下面用一个例子来解释这个电商黄金公式，以帮助大家理解。

小庞在企鹅村经营一家杂货店，已经营了5年。企鹅村有1000人，街坊邻居之间比较熟，人们闲来无事会来小庞的杂货店逛逛，平均进店4个人会有一个人消费，平均消费金额为100元。那么在这个案例中，小庞的杂货店每月的销售额是多少呢？

在这个案例中，流量是1000人，转化率是1/4=25%，客单价是100元/人，所以小庞的杂货店每月的销售额是1000×25%×100=25 000（元）。

因为杂货店的经营一成不变，杂货店的销售额已经稳定维持在每月25 000元5年了。突然有一天，小庞产生了危机感，觉得自己不能再这样经营下去了，于是小庞决定将自己的月销售额提高一倍，达到月销售额50 000元。为了实现月销售额提高一倍的目标，小庞应该怎样做？

现有3个方案可供选择。

A：小庞算了算，现在全村有1000个人，都已经来过杂货店了，如果能让多一倍的人进店逛逛不就能实现目标了吗？于是，小庞去隔壁村挨家挨户地发传单、做推广，把每月进店的顾客数量从1000人提升到了2000人。

B：小庞定了定神，想到企鹅村的村民最近增产创收，越来越喜欢去城里购物了，杂货店的商品不能满足企鹅村村民的需求了，现在杂货店急需全面升级。于是，小庞迅速加盟某品牌超市，重新装修了杂货店，还招聘了服务人员，并将杂货店的商品全部换新，商品价格也都上涨了一倍。

C：现在小庞只有一家杂货店，平均进店4个人就会有一个人消费，另外3个人逛完之后就走了，可能是去隔壁村的便利店。小庞思考，如何能做到平均进店两个人就有一个人下单消费呢？增大促销力度是否可行呢？于是，小庞开通复购现金红包服务，并跟村里的"红人"小腾一起派发购物券。一个月以后，订单数果然翻倍，其中有不少是老用户下的第二次订单。

上述3个方案，哪个方案能实现小庞设定的月销售额提高一倍的目标？

在方案A中，流量是2000人，转化率是1/4＝25%，客单价是100元/人，所以
月销售额＝2000×25%×100＝50 000（元）

在方案B中，流量是1000人，转化率是1/4＝25%，客单价是200元/人，所以
月销售额＝1000×25%×200＝50 000（元）

在方案C中，流量是1000人，转化率是1/2＝50%，客单价是100元/人，所以
月销售额＝1000×50%×100＝50 000（元）

"条条大路通罗马"，上述3个方案都能实现月销售额提高一倍的目标。方案A将流量从每月1000人提升到每月2000人，方案B将客单价从100元/人提高到200元/人，方案C将转化率从25%提升到50%。在电商黄金公式中，流量、转化率、客单价这3个指标中的任何一个指标翻倍都能带来销售额翻倍的结果。

A方案提升了流量，这在传统营销环境中叫作招募潜在用户进店；在数字营销环境中叫作吸引用户点击，提升店铺浏览访问流量。

B方案提升了客单价，这在传统营销环境和数字营销环境中都叫作提升品牌溢价能力。

C方案提升了转化率，这在传统营销环境和数字营销环境中都叫作提升首次购买转化率、复购转化率。

将这3个指标放在一起，就形成了一个能清晰计算生意增长数值，并能快速找到生意增长停滞或者倒退的原因的电商黄金公式。对照电商黄金公式检查生意增长停滞或者倒退的原因，结果一目了然。

也就是说，用电商黄金公式去检视企业现在生意增长停滞或者倒退的原因，就可以看到是哪个指标影响了企业的生意：是流量变少了、转化率降低了，还是客

单价降低了？电商黄金公式也完美地呈现了市场部的工作成果与销售业绩之间的关系，能够明确显示市场部的工作成果与销售业绩之间基于哪个指标产生了正向的结果与沉淀，能够解析隐藏在销售报表背后的生意增长本质。

电商黄金公式的好处是，无论哪个指标发生变化，都能直接影响最终销售额，从而让企业清晰、便捷地找到原因；无论哪个指标有了增长，带来的都是几何倍数的销售额增长。所有企业都可以用这个公式来进行自我检视。

那么流量、转化率、客单价是通过企业自身怎样的营销动作去影响最终销售额的呢？我们把这3个指标放到传统企业的经营环境中来看。

流量

流量在互联网中是指用户的浏览量或用户的点击量，其实质是用户。这和传统企业考核自己的"进店客流量"是同一个维度，本质上考核的指标都是自己的用户规模。流量是一个互联网企业评价自己生意规模的基石，用户规模同样也是评价一个传统企业生意规模的基石。市场营销部门和营销管理者存在的意义，就是为产品拓展更多新的用户，扩大产品的用户规模和潜在用户规模。

在流量这个词被互联网企业提出之后，以流量来思考用户来源和考核用户规模的思维也有了新的名字——流量思维。流量思维不应该只是互联网企业的专利，更应该被传统企业用来思考自己的生意模型。不论是互联网企业还是传统企业，都需要统一所有的渠道来认知自己的用户从哪里来、用户规模有多大；获取用户的成本如何；哪个渠道获取来的用户更优质，更符合自己的目标人群；如何将用户更好地留存在自有的流量池里，并使之持续产生价值。

转化率

影响转化率的因素是错综复杂的，在传统企业中，由于没有阿里巴巴、京东这样的后台提供直观的数据，大部分企业不清楚自己在线下场景中的转化率。在电商中，影响转化率的因素很多，如产品头图的美观与否、产品核心卖点的提炼是否切中用户需求等。打通线上线下来看，影响转化率的因素涉及竞争环境、渠道铺陈、产品陈列、促销政策、销售话术等。转化率是3个指标中受影响因素最多元的一个指标。在本书中，中国数字环境的发展带来的众多数字渠道的红利，是企业使用起来最便捷、快速的，所以我们将着重就数字渠道给企业带来的增长红利来阐释渠道如何助力转化率提升。

客单价

与流量和转化率这些在数字时代兴起的新词汇不同，客单价是在传统营销领域中一直保有的旧词汇，也是最容易理解的。在传统营销领域中，保有用户愿意为你的产品支付高客单的溢价，这项工作是通过品牌来完成的。品牌撑起了用户心目中对价格稳定认知的保护伞，而遭遇品牌价值缩水或者品牌老化问题的企业，它们面临的最直接的问题就是用户不再愿意接受他心中认为不合理的产品价格。

中国数字环境的发展带给了企业可以迅速提升流量、转化率、客单价的增长红利，得红利者得大势。企业站在了新的赛道上，即将进行新一轮的增长冲刺。

1. 何为流量红利

流量即用户，流量红利即用户红利。消费个性化，消费习惯分层、分化是目前中国不可逆转的消费趋势，面对这样的消费趋势，原有存量的老用户流失是所有企业面临的共同问题。随着中国用户接入移动互联网的迅速普及，截至2019年6月，中国网民规模为8.54亿人，互联网普及率达61.2%。这打破了原来只能靠地理环境接触的局限性，从中国新兴的移动互联网环境中获取新用户成为企业弥补老用户流失所造成的损失的主要解决方案。

互联网时代产生了更丰富的用户需求、更广的覆盖面积、数量更多的用户接触点；价格透明、可监测获客效果的数字媒体平台给予老品牌和初创品牌平等竞争的机会，也带来了更加即时、准确、快捷的用户洞察。用户在各个数字平台之间自由地流动，每个数字平台都像一个巨大的流量池，聪明的企业能从中挖掘到丰富的用户红利，解决自己用户存量流失、新用户进入不足的问题。当一个用户因为用了不到3分钟时间阅读了自己喜爱的一篇推文而发生购买转移时，用户的争夺就已开始重新洗牌。用户规模是企业生意的基石，有效的用户管理已成为数字时代生意增长的核心。善于利用数字营销工具，能解决用户增量获取的问题。重新挖掘用户价值的企业，才能在数字时代抓住流量红利。

2. 何为转化率红利

用户的购买行为是在渠道中完成的。无处不在的数字渠道让生意机会无处不在，也赋予了淘宝、天猫、微信、微博、小红书、大众点评、快手、美团等平台新的功能，如内容电商、粉丝经济等。新兴渠道不断占据用户有限的时间，从传统渠道中蚕食用户份额，并且各种新兴渠道不断推陈出新，每个能占据新兴渠道风口的企业都能享受到新兴渠道的红利。早期的淘品牌、海淘产品等都是如此。数字渠道的日新月异，一时间让拥有渠道重资产的传统企业开始担心被粉末化的数字渠道蚕食，以美妆行业为首的各大行业已经全面导入KOL（Key Opinion Leader，关键意见领袖）粉丝经济和社交电商，很多企业已经取消传统媒体的营销广告预算，只将费用用在能够提高转化率的渠道或KOL预算之上。传统渠道的争夺战，已蔓延到互联网上，精细地管理粉末化的用户触达渠道，利用每一个新兴渠道的优势，从新兴渠道中获取销售份额，是企业最直观和直接的销售增长点。得渠道者得转化率红利。

3. 何为客单价红利

用户对产品价格与价值之间的认同，是通过品牌来实现的。而品牌建设的路径已经被移动互联网颠覆。曾经，人们认为能登上央视的品牌才是大品牌、才值得信赖。而现在，故宫成了国民明星大IP、百雀羚等国货品牌在一夜之间变成潮牌、iPhone拍摄的微电影可以被津津乐道很长一段时间、戴森推出新吹风组合神器能盘踞微博热搜一周时间。在中国，"80后""90后"成为互联网时代的"原住民"，他们不带有任何上一代品牌的历史影响进入市场，这时，无论是国外品牌还是国内品牌，无论是大品牌还是小品牌，都重新开始角逐并拥有从零开始建设的机会。

数字环境不仅给了小米、三只松鼠这类诞生于互联网风口的品牌迎风而起的机会，还赋予了故宫、百雀羚这类传统品牌新的生机，也给了戴森吹风机、吸尘器这类以往用户关注度低的品类被热议和追捧的机会。在中国，还有很多沉睡的品牌等待被唤醒，去享受这一轮品牌重塑的红利。在数字环境中，品牌应忘记千篇一律的品牌主画面，去树立与管理生动化的品牌形象，再借力数字环境的裂变式传播、丰富多样的视觉呈现技术、社交货币化的产品概念包装等手段，与用户重新沟通自己的品牌价值，给品牌重生的机会、给企业带来新的增长机会。用全新的互联网工具做好品牌建设，是保持品牌溢价、保证客单价增长的秘诀。

在数字环境中，企业应收割流量红利、转化率红利、客单价红利，最终实现企业增长。而品牌、渠道、用户是企业最应聚焦的三大增长解决方案，也是可以带来立竿见影的效果的三大数字营销增长要素，如下图所示。

简而言之，通过打造高溢价能力的品牌让用户觉得值得花钱，从而卖得更贵；通过用户唾手可得的购买渠道增加销售转化，卖得更广；通过扩大潜在用户量得到更多的用户，从而卖得更多，最终助力企业在中国这一轮全新的数字化增长赛道上，赢在起跑线。

"工欲善其事，必先利其器"。接下来，我们来看中国独特的互联网环境如何给品牌、渠道、用户这三大数字营销增长要素提供绝佳的利用工具。

2.2 品牌是企业稳定增长的保护伞

在愈发粉末化的互联网环境中，品牌掌握着用户心智中难以量化又不可言说的选择，使用户不为流量的方向和平台所左右、不担心渠道的分散，让用户可以只为自己心中选择的那个品牌买单。因此，品牌是企业拥有自有流量的基石。

2.2.1 品牌是保证产品溢价能力的关键

用户在为产品付费时，产品要有清晰的品牌记忆能让用户想得起，要有触手可及的便捷能让用户立刻买到。除此之外，还有一个重要因素，那就是用户觉得这款产品是否值这个价格。大部分用户在购买产品时，本质的需求不是买到"最便宜的产品"，而是买到在他的认知中"值得的产品"，这也是在不同价格带、不同利润率、不同品类的用户研究中，大部分用户都会要求"性价比高"的原因。在性价比背后，用户没有说出口的心理驱动，更多的是值不值，也就是品牌力带来的产品价值溢出。在拼多多平台上团购99元吸尘器的用户与购买戴森吸尘器的用户，也许都认为自己买到了一款值得的产品。能否驱动用户购买产品的是企业的品牌力是否足够强，因此在自己所处的商业竞争环境中让用户觉得购买自己的产品是值得的，是营销管理者的必备能力。

数字环境不仅使戴森、苹果这类成长在数字时代的创新品牌成功建立了品牌高端认知和产品高溢价价值，还赋予了很多传统品牌、低价格带品牌重塑产品价值的机会，如赋予了华为走高端化之路的机会。

当然，并不是价格提高了，让用户看到产品在各购物平台的售价提高了就是高端。数字时代的用户，已经被触手可及的海量信息，以及无处不在的海淘、代购"教育"得足够聪明。在国产手机品牌中，也不止华为一家想要突破"千元机"定位的品牌，如联想曾经推出了超过4000元的高价格产品，但该产品在上市两个月后没能站稳脚跟，最终失败了，关键的原因在于品牌溢价能力不足。

华为的高端化之路从产品营销慢慢调整到品牌营销的方向后，通过在数字环境中打造的产品好口碑，带动了用户一波又一波的消费高潮，在3000元的价格段中站稳了脚跟。

在数字环境中，华为以产品品质、产品优势为着力点，通过用户体验、全方位口碑扩散、时尚跨界营销、公益合作等突破已有品牌用户的局限，积极开拓有能力购买高端手机的用户，夯实了品牌溢价能力。

手机市场是一个竞争异常激烈的市场，华为通过打造品牌，实现了价值溢出的商业成果，堪称商业奇迹。

另外一些淘品牌的处境则值得深思。2018年，阿芙精油并入御泥坊，裂帛、茵曼、阿卡等红极一时的服装类的淘品牌已逐渐退出"双11"销量冠军榜单。作为最早在电商平台诞生的新兴品牌，它们的成功也给很多后来的创业企业树立了榜样和信心。但是伴随着互联网流量红利的逐步消退，传统品牌开始触网，这使得竞争加剧，缺乏品牌溢价能力的淘品牌的发展之路也开始变得阻力重重。

无论是初创品牌，还是传统品牌，在数字环境中追逐用户迅速变现、销量大幅增长的同时，都不能停止打造品牌的步伐，特别是类似白酒、茶叶、奢侈品等产品具有高附加值行业的品牌。虽然价格也是品牌高端化的一部分，但是更重要的是同步打造支撑价格溢出的品牌力。

营销管理者需要清醒地认识到，若想实现"卖得更贵"的目标，必须打造强大的品牌力，为产品的价格溢出保驾护航。

2.2.2 品牌是用户运营的护城河

打造品牌需要用户增长，而另一个逃不开的难题是如何留下用户。如何建立用户对品牌的忠诚，使品牌成为用户持久的选择，是所有营销管理者都会面临的课题。

在白酒行业，提到茅台，很多人想到的第一个词就是稀缺。但在中国顶级高端白酒"圈子"里，工艺苛刻、产能稀缺，这些特征并非茅台的"专利"，为什么只有茅台的稀缺价值最为市场所认可？这与茅台超前的营销意识有关。若干年前，当很多酒企还在争夺"规模"优势时，茅台已开始向市场讲述自己的稀缺性，它要让所有人都意识到，要喝到一瓶茅台酒不容易，它要使自身的稀缺价值在用户心目中根深蒂固、无可替代。其实稀缺价值的本质是供需关系的体现，即有更多的用户购买和追捧。而品牌力则是行业在经历考验时最强的保护伞。

任何一个行业的"寒冬"都不是坏事，都是检验品牌工作者工作效果的最好时机。品牌力强的企业，可以借力行业更迭和竞争对手的兴衰起伏，在行业洗牌时脱颖而出。

有一个采取"去品牌化"战略而最终昙花一现的品牌，那就是凡客。

2010年，凡客请当红演员和作家作为代言人，开创了B2C行业形象代言人的先例。"凡客体"将互联网品牌广告推向了高潮。广告让凡客迅速膨胀，凡客的销售额在2008年是1亿元，在2009年是5亿元，在2010年是20亿元。凡客的创始人、CEO陈年展示了他要收购优衣库、LV的雄心壮志。在2010年的管理年会上，陈年将原计划40亿元的销售目标提到100亿元，然后小步快跑马上IPO（Intial Public Offering，首次公开募股）。然而，一切戛然而止。

之后，凡客完全摒弃了低端产品，下定决心走中高端产品路线。也就是说，凡客把曾经在用户群中占比最大的低端用户群全盘抛弃，希望从提高产品品质和设计入手，将凡客的品牌定位从"草根品牌"拔高到"白领阶层品牌"。

凡客作为一个成功的初创品牌，应该先在自己所属的价格带中站稳脚跟和在已挖掘到的用户群中建立根深蒂固的品牌力，就像当年的小米。在用户心智中建立的是一个平民品牌，忽然又要去矫正用户的心智，品牌定位不清晰，品牌定位变化频繁，这是让凡客的高速增长戛然而止的主要原因。凡客应该重新建立一个新品牌来进军高端市场，而不是用同一个品牌既主打低端市场又主打高端市场。同理，如果奔驰推出价格为10万元的汽车，茅台推出价格为100元的酒，那么奔驰和茅台在人们心目中将不再是高端的品牌。

但压死凡客的"最后一根稻草"不是品牌定位变更频繁，而是品牌目标不清晰。2013年，陈年请雷军来凡客参观，陈年清空了半层楼，把凡客所有的样品挂出来。当雷军在几百个衣架间走过时，他看到了很多真实的产品，却没有一件产品是拿得出手的。雷军说，他感觉不是站在一个品牌店，而是百货市场。凡客卖的东西越来越杂，包括T恤、家电、数码产品、拖把、菜刀、镊子、电饭锅……在品牌还很"稚嫩"的时期，凡客的不聚焦继续模糊了品牌印记和品牌认知，逐渐削弱了自己的品牌力，最终导致了失败。

无论是面对行业的更迭，还是面对竞争对手的步步紧逼，品牌力强的企业都能够成功地将用户紧紧圈在用户运营体系内。任何留不住用户的品牌，最终都将走向衰败。

2.2.3　数字时代赋予传统品牌重塑的机会

提到鄂尔多斯这个品牌，大家心中会有两极化的认知。年长的人对它的认知也许还停留在传统商场里的羊绒衫柜台，因为曾经的鄂尔多斯是高品质羊绒服装的代名词，但更年轻的一代人对它的认知也许是国际超模代言、超模、洋气等关键词。

2008年，鄂尔多斯已在大众心目中享有极高的知名度和情感认同，拥有极高的品牌力。但是，该品牌30多年来积累的客群已经过于宽泛和逐步老化，品牌形象模糊，与当今消费升级的趋势和品牌的长久发展的目标之间出现了重大偏差，导致企业缺乏持续增长的动能。

从2008年起，鄂尔多斯开启了品牌升级之路，它邀请欧洲顶级的设计师吉乐·杜福尔先生负责当时其国际产品线的设计，并邀请国际超模为其拍摄每季的品牌大片，从设计、VI（Visual Identity，视觉识别）、渠道方面与设计师和国际超模进行跨界合作。在用户与品牌每一个可能的接触点上，全力尝试提升，朝着品牌新的定位方向优化。

在数字营销领域加大力度，充分利用数字媒体精准触达，通过年轻、活化的品牌传播内容、KOL带货，打造高端、时尚、现代的品牌及产品形象；积极尝试直播、看秀等创新玩法触达年轻受众群；积极探索和大胆尝试电商运营，携手天猫打造超级品牌日；打造线上与线下同步的品牌渠道体系，摸索出一条高端时尚品牌线上发展和数字营销之路。升级转型后的鄂尔多斯，成功开启了"羊绒新时代"。同时，也完成了针对年轻人群，特别是"80后""90后"的影响力的建设和提升。通过品牌重塑，鄂尔多斯有效解决了其缺乏持续增长动能的问题。

自从品牌重塑战略启动以来，鄂尔多斯旗下的品牌收到了市场积极的反馈。2016年，鄂尔多斯电商业务的业绩增长率达到67%，"双11"单日的销售业绩也实现了135%的增长。通过用数据说话，鄂尔多斯旗下品牌的形象焕然一新，并得到了用户的认可。

鄂尔多斯从一个品牌形象在用户心中根深蒂固的传统品牌，完成华丽转身，在品牌新增用户心中成功建立了全新的品牌定位，在品牌已有认知的用户心中成功完成了品牌老旧形象的迭代。数字时代赋予了品牌重塑的机会，营销管理者需要拥有敢于升级迭代、重塑品牌的魄力，才能攻克生意增长停滞的难关。关于传统品牌如何重塑的具体方法，本书会在第3章中详细阐述。

2.3 突破空间限制的渠道，让消费者触手可及

在数字时代，营销开始发生以消费者为中心的转移，消费者粉末化的触媒习惯加剧了销售终端的变革，从传统的人找货变成了货找人。回归零售商业本质，数字时代的渠道管理，在本质上是消费者接触点的管理。数字时代的多样化的消费者接触点，给传统企业带来了拓展更广阔的增长空间的机会。

2.3.1 数字时代打破品类界限，竞争对手已经改变

根据Euromonitor International的统计，从2008年开始，在美国，口香糖的销量开始呈现下降的趋势，到2016年下降了15%。而在中国，口香糖销量下降的趋势更为明显，有业内人士称下降幅度已经超过30%。那么，导致口香糖的销量大幅下降的原因是什么？是中国消费者不再喜欢口香糖的口感？是口香糖不符合中国消费者逐渐追求健康低糖的消费趋势？还是其他糖果、漱口水等取代了口香糖的功能性地位？以上原因都不是。根据《财经郎眼》的分析，在中国，口香糖的销量下降，是因为微信的普及。这个答案听起来让人难以置信，但仔细思考，的确有道理。在数字时代，击垮你的也许不是你的竞争对手。

在传统渠道中，口香糖占据着消费者触手可及的位置，它通常会被摆在收银台前的小货架上。消费者排队结账等候时，其注意力处于空闲期，或者消费者有了如何处理零钱的苦恼。口香糖的价格低，日常使用机会也多，所以不少消费者会在付款结账时顺便买一包口香糖。但自从有了微信，人们在排队时基本可以通过刷朋友圈、用手机和朋友聊天等来打发时间；移动支付也使得人们不再有如何处理零钱的苦恼，曾经消费者"触手可及"的商品与消费者之间筑起了一道隐形的墙壁。口香糖不是输给了品类对手，而是输给了微信，输在了消费者接触点和消费者注意力的争夺上。

同样的例子还有很多，如方便面销量的下降也并不是因为方便面的口感变差，而是因为美团、饿了么等外卖平台的兴起，让以往方便面带给消费者唾手可得的方便、快捷优势丧失了。又如，在一些特定的时间点，如情人节，奢侈品、化妆品也许会在一夜之间变成竞品；在春节时，旅行产品、酒类、茶类产品也许会共同争夺同一群消费者。在小小的手机屏上，品牌们都想成为消费者想得起来的那一个，能满足消费者需求的产品最终将胜出，在数字时代，跨品类的竞争异常激烈。

同时，智能移动设备让消费者的在线时间越来越长；消费者搜索信息的行为有了新的变化，已经不再局限于搜索网站，不了解产品价格的消费者会直接去电商平

台搜索，不了解品牌的消费者会直接去微博、微信搜索，不了解专业科普知识的消费者会去知乎搜索；消费者打发时间的方式也变得多种多样，如玩网络游戏、阅读推文等。消费者带着丰富的需求出现在粉末化的接触点前，而如何让接触点主动出现在消费者的注意力范围内，则是获取消费者的关键。

在数字营销中，场景化营销的关键要素是实现品牌触手可及，营销管理者需要清晰地在数字环境中布局消费者接触点。

2.3.2 消费场景能有效带动转化，赋能新的生意增长

如果说品牌出现在消费者接触点上，是为了提升消费者对品牌的记忆度，那么场景营销则是通过为产品找到具体的消费环境，从而实现获取消费者或者提高购买转化率的目的。

提到场景营销，一个典型的成功案例就是神州专车。在中国网约车市场中，起步早的有Uber，消费者补贴多的有滴滴出行，在各服务平台都忙于争夺数量有限的潜在用户时，神州专车通过"安全"的独特定位，匹配一系列精准的场景营销，从"烧钱大战"中脱颖而出。下图是神州专车的场景营销模型。

针对专车市场最核心的消费群体——商务群体，神州专车建立了清晰的需求场景：接送机。随之而来的营销活动紧密围绕该需求场景定位，如开展"金色星期天，免费接送机"的营销活动带动接送机订单猛增，并且迅速切割出接送机市场，而紧接着推出的"接送机就用神州"的千元券活动，直接使每天的接送机订单超过4

万单。通过场景营销，神州专车在极短的时间内大规模地获得了商务群体的尝试。

后来，神州专车又找到了商务群体的另外两个需求"痛点"：临时会务用车和深夜加班后用车。在2015年网约车竞品还在主攻早晚高峰期的主战场时，神州专车通过会务和深夜加班的消费场景，精准地获取了大量商务群体，并有效提升了其"安全、专业"的品牌形象。神州专车相继拿下了中国大部分高端会议的指定用车订单，包括达沃斯会议用车、乌镇互联网大会用车等。因此，神州专车将"高端会议用车领域唯一可选专车"这个印象植入消费者的心智中，通过消费场景树立了其品牌安全、高端的形象。

通过一系列的场景营销，神州专车在半年的时间内获得了1500万用户，巩固了自有壁垒，也逐渐杀入早晚用车高峰市场，并在出行领域站稳了脚跟。促使神州专车的场景营销取得成功的一个重要因素是神州专车懂得集中优势占领一个或者几个关键场景，并且在消费者旅程设计上给予便捷承接和连贯的营销活动支持。

另外一个案例就是英国的戴森。戴森在中国市场上的优异表现，离不开其过硬的产品力。但更重要的是，戴森通过场景营销，紧紧抓住了中国消费者的消费升级趋势、新中产人群对品质生活追求的消费契机。针对消费升级的心理驱动，价格并不会成为销量的制约因素，反而更前沿的科技、更便捷的体验、更精致酷炫的外观是激励新中产人群消费的强力理由。戴森抓住的不是购买时机的场景定位，而是购买动机的场景定位。

要在中国市场上取得商业成功，就要找到更多潜在的目标用户群体进行营销。戴森跳出传统家用电器的销售节点，在全年围绕产品教育、电商大促、节日营销三大场景，持续不断地与目标用户群体沟通，如在春节主打家庭使用暖风扇的场景，在情人节、母亲节则主打女性偏爱吹风机的场景。周而复始，持续不断地与目标用户群体沟通，最终实现从品牌偏好、产品功能、用户口碑到销售转化的全链路提升。下图是戴森的场景营销模型。

戴森以产品教育为主线，配合消费动机，搭配消费时机，使沟通内容与场景完美融合，打造了一个传统品类的新晋品牌，通过数字环境实现迅速发展。

无营销，不场景。传统品牌必须尽快从以往的以产品为中心的品类营销，向以消费者的生活场景为中心的场景营销转移，通过打造精准的场景定位、精准的场景设计、精准的场景营销体系，挖掘消费需求，甚至可以将场景营销在数字环境中进行测试，挑选成功的消费场景反哺企业线下营销活动。

在数字营销中，场景营销的核心是潜移默化的场景融合，营销管理者需要清楚地找到自己的产品的消费场景及消费动机，才能实现高效的销售转化。

2.3.3　每一个销售平台，都是让消费者了解品牌的重要阵地

随着数字平台的发展，传统数字销售平台，如京东、天猫，已经不仅仅是销售平台，还是重要的品牌营销阵地。

2017年5月16日是亿滋天猫超级品牌日，当天，20 000份限量版奥利奥音乐礼盒通过天猫独家首发，该产品一上线即被等待多时的消费者疯抢。5个小时，该产品的销量就突破2016年天猫超级品牌日一天的销量。除销量数据外，在本次天猫超级品牌日中最值得关注的还有快消品品牌首次在电商平台上玩起了"神创意"。这个小小的音乐盒的玩法有很多，除了放饼干播音乐、咬一口切换歌曲、提前录音表白，消费者还能通过扫码解锁AR（Augmented Reality，增强现实）玩法，在播放不同歌曲时切换相应的MV动画素材——奥利奥年轻化的奇思妙想被诠释得淋漓尽致。鲜为人知的是，这个引爆市场的音乐盒是奥利奥与阿里巴巴历时几个月磨合的成果——在声音识别和图像

识别现有技术的基础上，通过头脑风暴而产生的AR玩法，共同打造了一个成功的创新营销案例，将奥利奥这个老牌饼干巨头重新推到中国年轻消费者的面前。

虽然快消品更容易利用电商平台玩出营销新花样，但是玛莎拉蒂在天猫超级品牌日18秒卖出100辆新车的成绩则证明，高端品牌在电商平台上也有新的机会。

随着天猫已完成渠道销售的初级建设使命，品牌商通过天猫获得电商销量的爆发成为共识。随着天猫超级品牌日、天猫黑盒、天猫造物节、天猫国潮计划等活动层出不穷，天猫平台的品牌营销势如破竹。品牌合作案例从2015年的个位数增长到2016年的80个，截至2018年8月，天猫超级品牌日已走过完整的3年，达成270次品牌合作。天猫超级品牌日在微博上的热度话题量累计破百亿条，这象征着电商平台已经步入全新的品牌营销新时代。

从本质上来说，有人的地方就应该做营销和品牌建设。对比传统营销渠道的人找货，电商平台拥有海量的精准消费者，带来了更低成本、更高精准度的货找人的机会。

电商平台早已不再是廉价、促销的销售渠道，而是重要的品牌营销阵地，营销管理者需要将电商平台内的营销放在与平台外的营销同等重要的位置对待。

数字渠道赋予企业更便捷、更低成本的接触消费者的机会，数字渠道也是时代赋予企业的独一无二的工具。

2.4　管理用户："流量复利"思维，赋能企业

在任何一个时代，赢取用户都是商业目标的终点；但在数字时代，用户数据资产的重要性再一次被提升到了新的高度，是任何一类企业都不能忽视的核心资产。营销管理者需要像珍视企业资产一样管理用户。

2.4.1 建立体系化流量思维

"流量为王的思维"是数字时代很重要的营销思维模式，流量等同于传统营销中的进店用户量、商超客流量，企业要想获得销量，首先要想办法获得流量。流量的本质是当用户看到品牌时，用户被品牌吸引并愿意点击、进店产生下一步行动。这需要营销管理者成为出色的架构师，有设置清晰、便捷、有吸引力的用户旅程的能力，而不能再只关注创意吸引力本身。

任何一个媒介管理者或者数字代理商，都不能再只谈媒介曝光率和点击率等纯媒介指标，每一次数字营销活动都应该以最大的获客量、最低的获客成本为最终结果导向。例如，新产品的上市、转移同价格带竞品的用户量、招募品牌新增的尝新用户量就是很重要的考核指标。而限量单品的上市、限时促销抢购、激励老用户的复购量、激励老用户的客单价等，则是最核心的考核指标。在互联网广告成本越来越高的今天，不要再做花钱买品牌曝光却不能吸引用户购买产品的事了。

2016年，百雀羚的一幅创意长图火遍朋友圈，并在如何评估效果这个问题上引起了营销人的热议。不可否认，百雀羚的创意长图开创了一个很好的数字创意先河，很好地展示了如何利用数字创意活跃品牌形象、传递品牌资产。但放在商业结果的导向上来看，它无疑是一个失败的案例，因为它忽略了给予用户完整、便捷的用户旅程。创意长图末尾仅有简单文字提示至天猫搜索店铺，没有一键复制的淘口令，没有一键跳转的其他平台购买链接，没有一键分享的裂变激励，甚至没有引导注册、申领小样等用户留存行为。在有无数竞争对手激烈争夺用户注意力的情况下，百雀羚让用户看完即走、走了即忘，因为缺乏流量思维，导致难得的流量红利被浪费。

在获客这一点上，互联网服务类平台做得最好，如各类网约车平台（滴滴出行、神州专车）都在强势竞争对手已蓄积大量用户的情况下，在极短的时间内完成了种子用户招募，其所有的数字互动创意都有清晰、精准的导流目标。另外，在同质化竞争激烈的部分传统企业中，母婴行业、汽车行业、美妆行业的用户管理起步更早、做得更好，如母婴行业的社群营销、会员运营，汽车行业的试驾招募，美妆行业的试用招募。每一次营销活动都是品牌迅速、高效地积累用户资产的重要契机，数字媒介传播思维要向用户获取思维转变，才能从根本上赋能生意增长。

在数字时代，快消、日化、美妆、母婴、服饰等行业的购买行为已突破了地域限制，用户的购买决策已经从终端渠道分散到了互联网的各个触媒平台上，传统市场份额的竞争最终将简化为用户份额的竞争。

如果行业竞品还没有进行体系化流量思维管理，那么恭喜你，无论其商业体量多大，你都可以占据争夺潜在用户的先机；如果行业竞品已经进行了体系化流量思维管理，那么你更应该迅速调整数字营销策略，用同样的预算，让营销活动为你创造更多价值，并且通过不断优化获取用户的转化效率，超越竞争对手。

毕竟，品牌的用户量越大，用户资产积累的速度就越快，生意增长的空间也就越大。

2.4.2　建立体系化用户管理模型

随着数字环境的变革，用户日趋习惯了数字环境在信息、服务、社交、购物等方面给自身带来的一系列的唾手可得的便利，用户的需求也在不断裂变和迭代。传统的依靠单一产品缓慢进化、以品牌传播"洗脑"、以大规模铺量的营销方式正在逐渐失去优势，甚至失效。用户拥有更多的选择权和决策权，甚至更多潜在的心理预期，如对快递速度的需求从顺丰隔日达到京东当日达，甚至到1919酒类直供推出的19分钟送达；从购买一个情人节的限量款包包到一键个性化定制包包。企业面对越来越分化的用户需求，也面临着如何与不同用户进行有效沟通的难题。应对用户碎片化需求的唯一方法，是企业启动体系化用户管理，建立体系化用户管理模型。

无论是官方微博的粉丝、店铺产品购买者、天猫店粉丝这类用户渠道的分类，还是铂金卡、金卡、银卡这类用户等级分级，或者是首购、复购这类用户消费阶段分类，都可以具象化为用户与品牌之间的距离。忘记繁缛的用户定义，忘记杂乱的用户分类，把用户与品牌之间的距离作为唯一切入点来建立体系化用户管理模型，会更加清晰、直观。下图是用户与品牌之间的距离的图谱。

首先，在以上4个层级中，常常会有一个误区，这个误区就是将"忠诚"作为用户管理的最终目的。但恰恰相反，若要快速实现商业成长，企业的注意力更应聚焦在"兴趣"与"购买"两个层级。

在大部分行业中，用户的购买决定是一个想得起来的品牌、一个符合自己消费水平的价格、一个差不多就行的决定，而不是非你不可般对品牌的偏执，所以不是所有的企业都适合把"忠诚"作为用户运营的最终目的的。"忠诚"作为渗透漏斗的最后一环，这一层级的用户数量主要受到顶层用户数量的影响。如果在品牌高速成长期，仅聚焦招募"忠诚"用户，将会造成其他层级用户的大规模流失。从"忠诚"用户起家，如今坐拥1.7亿"米粉"的小米，在品牌成长期的那几年，也大量使用了大众传播手段，迅速扩充"兴趣"和"购买"层级的用户。对大部分行业的品牌而言，在品牌成长期，将预算聚焦在带动"兴趣"和"购买"这两个层级的用户增长，才是快速、高效地带动生意增长的核心要素。

其次，需要清晰定义各层级用户的来源，建立环环相扣的用户进阶转化机制，严格把关各层级用户增长效果。例如，"知晓""兴趣"层级的用户增长需要通过大规模付费媒体来实现，那么首次获客成本就是最核心的考核要素；"购买""忠诚"层次的用户增长可以通过给予用户体验、福利实现，如果通过小规模用户维护、促销激励就可以带动有效转化，那么单客投入产出比就是最核心的考核要素。无论是大规模的广告投入，还是小规模的用户服务投入，科学的分层级考核使企业投入的每一次营销预算都能通过环环相扣的用户运营持续产生长尾效应，实现真正的"流量复利"。

数字环境带来了新的优势，任何一个品类的用户数量都是可以被预估和测算的。无论营销管理者面对的是传统媒体还是数字媒体，其面对的都是一个微缩的社会。对比传统媒体，数字媒体的核心优势是可量化、可监测。品牌需要利用好这两大核心优势，让每一笔投资都花得科学、合理。优秀的营销管理者可以通过测算潜在用户的数量，科学规划获客投入费用，大幅降低企业营销预算，打破大部分营销预算都在浪费的"魔咒"。

以美妆行业为例，通过微信数据找到年龄在25~45岁且有消费美妆产品倾向和潜力的中青年女性群体数量，建立品牌曝光的核心用户池；再通过测算，科学规划沟通频次、投资预算、触达用户占比目标。通过1年持续的投放测试，在最短的时间内找到所有潜在用户，迅速建立品牌知晓度。再通过品牌知晓群体的积累，标签化每一个看到品牌广告的人，在二次营销时可以有针对性地对还没有点击、注册的群体尝试新的创意和互动邀约，有针对性地拉近与潜在用户的距离。无论是行业寡头，还是想要异军突起的小微品牌，都应该学会利用体系化用户管理思维，降低用户转化成本。用户运营更像是一场长跑，节约体力才能在竞争的长跑中获得最终胜利。

用户运营能帮助品牌看清谁才是品牌真正的用户。数字时代能带来更快速、更真实的用户洞察，并能通过用户轮廓、用户自动标签体系等，简单、即时地将用户洞察反馈给品牌。例如，大部分代理商在提案时都会说品牌的目标群体是新青年、城市中产，甚至很多品牌也会这样定位用户，但在进行营销活动时，品牌难以精准地找到这个目标群体，即使找到了这个目标群体，其转化效果也差强人意，问题的本质就是"理想化定义自己的用户"。在数字环境中，我们要有关注用户洞察的意识和打破传统用户评估维度的勇气，给品牌一次重新定义谁才是自己真正用户的机会。

这也是腾讯云、阿里云走进越来越多的传统企业，与传统企业合作建立底层用户运营技术架构并指导传统企业建立自己的用户标签体系的原因。科技赋能传统营销的迭代正在发生。这个时代的营销，如果不关注用户价值、不关注用户数据，企业是不可能获得长久的生意增长的。

在数字时代，企业的"会员部"都应该进阶为"用户管理部"，企业需要将目光放大到用户旅程的第一步——知晓品牌，从用户招募的源头激励"用户复利"，实现企业的生意增长。

无论是想要精准获客，还是通过管理用户提升用户销售贡献，本书都将提供详尽的操作步骤，帮助营销管理者在数字时代更科学地运营用户，以助力企业的生意增长。

品牌为产品溢价保驾护航，场景营销实现触手可及的销售转化，用户资产助力企业找到生意增长空间。营销管理者需要紧紧把控品牌、渠道、用户三大数字营销增长要素，以助力企业离商业目标更近，实现从会花钱的CEO到会挣钱的CGO的成功转变。

需要强调的是，虽然三大数字营销增长要素重要，但不是全要，切忌盲目、贪多，找到能让企业最快达到效果、最擅长、成本最低的增长要素最为重要；并同步测试其他要素，小步快跑，快速迭代，最终找到能让企业高速增长的最适合的组合方式。

对营销管理者来说，关键是在三大数字营销增长要素中找到自己最擅长的。三大数字营销增长要素的核心不是3个要素都上涨，销量才会上涨，而是只要其中一个要素上涨就会带来企业的生意增长。具体如何选择突破口，关键是先考量企业过往的优势、既有战略等再做决定。作为拥有营销决策权的营销管理者，可以阅读本书后面关于数字时代如何具体赋能企业实现品牌建设、渠道管理、用户增长的实操内容，结合企业自身优势，决定选择哪个要素作为增长发力点，实现企业生意增长的目的。

品牌

条条大路通品牌，百花齐放好时代。
品牌才是企业增长的护城河！

第3章

/

品牌：企业增长的护城河

近年来，互联网在中国的蓬勃发展，使得一大批新兴品牌如雨后春笋般出现在中国消费者面前。在互联网传播的助推下，众多类似小米、喜茶、HomeFacial Pro这样的新品牌，随着某个热点事件突然出现在消费者面前。

近10年可谓中国消费品市场商业格局变化最大、动荡最大的10年，在这种变革的催生下，大量新兴品牌应运而生。喜茶、HomeFacial Pro借助互联网传播迅速进入大众视线并成为网红品牌，发家于互联网的小米重回线下进而再次走上神坛。当然，也有黄太吉、凡客这样的品牌，虽然一时风光无限，却因决策失误而被迫离开舞台中心。

在数字时代，品牌与互联网的依存关系十分紧密。如果利用得当，品牌可借助互联网这一渠道以极低的成本收获广泛的品牌关注度，如杜蕾斯、百雀羚等都是借助社交手段获得广泛关注的代表性品牌。传统品牌如鄂尔多斯、李宁，利用互联网与千禧一代重建沟通关系链，在数字环境中树立起品牌的全新形象。在大型品牌和中型品牌之外，互联网也为众多小而美的独立匠人品牌的生根发芽提供了机会。

互联网的发展给中国的品牌创造了源源不断的新生机会，无论是传统品牌，还是新兴品牌，都想赶上互联网这趟快车，在商业竞技场上一决高下。

品牌是一个企业的无形资产，虽然很难被量化，也看不见、摸不着，但实实在在地存在于消费者的心智之中。当把大量同类产品同时放在消费者面前时，品牌的作用就显露出来了。

面对大量同类产品，当消费者选择了A而不是B时，就是品牌在发挥作用。当消费者有了一个需求时，他们进入天猫、京东等电商平台，主动搜索的不是品类名称而是品牌的名称，这也是品牌在发挥作用。品牌在助力企业实现销售增长的过程中主要解决的问题有两个，即"有人买"和"卖得贵"。

解决"有人买"的问题是指给予消费者选择自己的理由，放在互联网环境中就是为企业创造自有流量。解决"卖得贵"的问题是指解决价格对应价值的问题，品牌带来的溢价可以支持更高的客单价。而一个产品或一项服务一旦失去品牌的加持，它就会逐渐丧失在消费者心智中的地位，直到在消费者的购买清单中消失。

无论是曾经有一定知名度而如今面临同质化竞争需要重新建立差异化的传统品牌，还是以往无品牌如今想重新建立自有品牌的生产导向型品牌，或者是面临从0到1的品牌建设的创业型品牌，都需要知道在数字环境中如何选择适合自己的品牌管理路径。今天，中国消费者正在被海量的信息包围，消费者的需求不断升级，为满足消费者不断升级的需求，品牌也在加速迭代，否则品牌在整个中国商业社会升级的大趋势下极有可能被淘汰。

本章分别从新兴品牌建设、传统品牌活化和品牌声誉管理3个方面着手，并加以例证，来详细阐述在数字时代如何实现对品牌的管理。

3.1 新兴品牌建设

互联网时代带来了品牌建设路径的全新改变。

如果问一个国际4A公司的总裁要如何创立一个品牌，他极有可能给出这样的答案：首先进行大规模的广告推广，就像惠普在全球投入4亿美元进行大规模广告推广一样，在广告为品牌带来一定的知名度后，再在这个基础上进行品牌内涵的深化和传播。

可以说，在传统媒体时代，传统品牌的建设路径都是这样的，总结起来就是一条金字塔路径：知名度—美誉度—忠诚度，如下图所示。

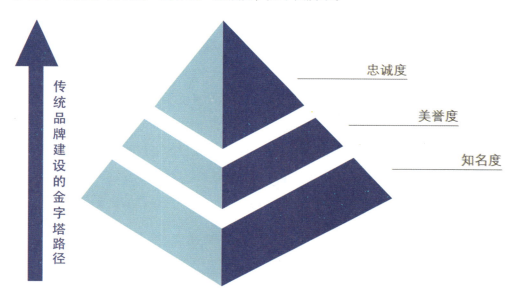

在知名度—美誉度—忠诚度这条品牌建设路径中，知名度基本上靠广告推广来获得，在用广告打出知名度后，再去维护品牌的美誉度，最后才考虑忠诚度的转换问题。但是在传统媒体时代，广告推广依赖于大量的广告预算，这也意味着，光是打造知名度这一步骤的费用投入就让绝大部分企业望而却步。对大量中小型企业而言，没有足够的预算，在知名度这一步就被卡住了，难以走完品牌建设的完整路径。

而在数字时代，互联网的发展为品牌的建设路径提供了全新的可能。

在消费信息满天飞的当下，口碑推荐正在成为影响用户决策的重要因素。因为口碑而在特定消费族群里形成良好的美誉度，再通过社会化传播进行扩散，小米就率先走出了这样的品牌建设路径。小米先找到自己的种子用户，并在种子用户中建立美誉度，再将美誉度转化成忠诚度，当用户的忠诚度达到一定程度时，用户自发推荐的数量越来越多，用户规模的聚集就变成自然向前滚动的"雪球"，"雪球"越滚越大，用户积累越来越多，知名度自然就有了。

美誉度—忠诚度—知名度，这条全新的品牌建设路径，是如今的数字环境赋予新兴品牌建设的机会。

加拿大瑜伽服品牌Lululemon则走出了另一条品牌建设路径。它通过打造一支以瑜伽教练、健身房教练为主的KOL队伍，和用户建立真实连接，向用户分享产品体验、品牌理念，使为瑜伽这项运动量身定制的高舒适度产品迅速赢得了瑜伽爱好者的追捧。与传统的运动服饰巨头大规模投放广告不同，Lululemon几乎没有投放广告，其产品在黏性极高的瑜伽产品用户圈中积累了大量的好口碑，赢得了用户的忠诚与主动推荐，Lululemon火速在近年来变成潮流人士追捧的新锐品牌。Lululemon2018财年第三季度的数据显示，其销售额同比增长21%，达到7.47亿美元，其中电商销售额同比增长46%。

无论是小米还是Lululemon，都为数字时代新兴品牌的建设路径做了示范。因此，本书将传统品牌建设的金字塔路径进行解构、重塑，调整成数字时代品牌建设的魔法三角形，如下图所示。

在这个品牌建设的魔法三角形中，品牌建设的路径不再是单一地从金字塔路径底端往上按部就班地进行，而是可以根据企业自身的情况灵活选择任意一个擅长的部分作为起点，再运用互联网工具完成整个品牌建设的闭环。

这是数字时代给予品牌建设的独特红利，因为在传统营销时代，没有数据环境对用户数据做积淀，没有社交网络环境对用户优质口碑进行跨地域扩散，没有电商环境对用户需求做及时购买转化去实现品牌和销售之间的快速连接，根本无法支持这个三角形的链条进行自由流转，而只能像建造金字塔那样，一层层地向上垒砌，每一层都建立在下一层坚固的基石之上，并且承担每一层向上过渡的必然流失。

这也是在近10年间中国涌现出众多新兴品牌的原因，互联网的独特环境给了很多中小型品牌在弯道超车的机会，使过往一些受限于区域、垂直品类和资金预算量级的不知名品牌，在数字时代能以很少的预算和极快的速度成为小众知名品牌，甚至走出圈层成为大众知名品牌。

数字时代品牌建设的魔法三角形的优点在于，从任何一个起点出发，都可以走通整个闭环，可以从知名度出发，可以从美誉度出发，也可以从忠诚度出发。根据产品的特性及创始团队的特殊基因，营销管理者可以选择一种最适合自己的从零开始的品牌建设路径。不再需要按部就班地遵循品牌建设的金字塔路径，而是可以最大限度地发挥自己的优点，扬长避短。接下来，本书会从3个不同起点开启品牌建设的路径，分别阐述在数字时代如何为品牌建设赋能。

一场数字时代的极大红利，正在开放给无数进场的玩家。

3.1.1 从美誉度开启——网红品牌的建设路径

在数字时代，是谁在把握品牌流行度的走向？

一个显而易见的事实是社交网络正在决定用户对于一款产品的认知，用户在社交网络上了解一款意向性产品的评价、在社交网络上询问一款意向性产品的价格等。用户对产品产生的真实的使用体验在互联网上被分享、扩散、引导的过程，即EPR（Electronic Public Relation，线上公关），正在成为影响用户对产品和品牌的口碑的重要一环。

用EPR迅速制造圈层内的热议度与流行度，在一定圈层内形成美誉度和忠诚度，再借由种子用户扩散到更广泛的圈层，最终获取品牌的知名度，这就是社交网络给广大新兴品牌带来的全新机会。大量的新晋美妆品牌近年来都是借助这样的路径爆红于网络的，喜茶等一大批被称为网红品牌的新晋品牌也是经由这条路径迅速成名的。

由于社交网络具备很强的圈层性，线上社交网络的投射和线下的真实社交一样，物以类聚，人以群分，所以在一定圈层内的热议度与流行度是可以通过娴熟的EPR操作手法达到的。这也是一种可以通过少预算启动建立用户口碑的捷径。

公关建立品牌，广告维系品牌。在数字时代，由权威媒体、自媒体、有影响力的博主、广大普通用户构成的社会化舆论矩阵时刻在网络上发声，公关的主阵地已经转移到了互联网上，制造一起众人关注、多方参与的舆论事件，离不开对口碑舆论的精心策划与引导，于是EPR也成为品牌从0到1建立用户口碑的捷径。

企业运用EPR从美誉度开启的品牌建设路径如下图所示。

从美誉度开启的品牌建设路径

01 找到目标人群，关注的有势能的话题和KOL

02 通过榜样的力量迅速制造圈层内的热议度与流行度

03 从圈层持续扩散，发酵出去，吸纳用户关注

下面以两个典型的从美誉度开启品牌建设路径的品牌为例，分析美誉度—忠诚度—知名度这条品牌建设路径。

案例一：喜茶

在喜茶被投资人冠以"创新茶饮"的身份被大家熟知以前，喜茶在华南区域已经经营了六七年，它的明星产品"奶盖芝士"已经在当地很有名气，并积累了一些忠实用户，这些忠实用户在体验"奶盖芝士"、向朋友推荐"奶盖芝士"、讨论"奶盖芝士"的过程中不知不觉已成为"奶盖芝士"的忠实粉丝，进而成为喜茶品牌的忠实粉丝。这也为喜茶走向全国市场，打造美誉度和知名度提供了强有力的用户基础及热议基础。

喜茶的品牌建设路径如下图所示。

喜茶的品牌建设路径

HEYTEA 喜茶

01 提出"奶盖芝士"这一全新品类概念

02 用户拥护"奶盖芝士"，并成为"奶盖芝士"的忠实粉丝，同时制造热议话题

03 品牌发声，"中式新茶饮风"引发广泛热议

在决定进入全国市场之后，喜茶持续的公关发声都围绕着"'奶盖芝士'产品创

新""创新茶饮给中国茶市场带来新风"的核心诉求，在既有的创新品类的话题上，又增加了喜茶作为整个即饮市场新晋热门选手的热议度。对品牌来说，制造热议度这个独特亮点，可以是产品层面上的独特卖点，可以是商业模式上的创新，也可以是过往企业优势的亮点提炼。但无论如何，都需要在找到自己的核心诉求以后持续地用EPR去发声，去强化用户对这个品牌的热议度和流行度的感知。喜茶就通过这样一种方式，找到了其产品的核心卖点——"中式茶饮风"，再借由已有的忠实用户在社交平台上持续地用EPR发声，最终在全国市场上收获了广泛的知名度。

案例二： HomeFacial Pro

HomeFacial Pro是于2016年推出的主打成分的护肤品牌，可谓近两年来护肤品牌界的一匹黑马。2017年"双11"当天，其销售额突破1亿元，2017年其全年销售额突破3.6亿元。2018年"双11"，HomeFacial Pro成功跻身天猫品牌"亿元俱乐部"，最终以全网个护美妆类目第7名的成绩完美收官。HomeFacial Pro在短短3年时间内便创造了从0到1成功打造爆款品牌的神话，而其品牌建设路径正是本书提出的从美誉度开启的品牌建设路径。

HomeFacial Pro的品牌建设路径可以拆解为以下3个步骤，如下图所示。

（1）提出成分概念，聚拢"成分党"

维恩咨询的《2018年双十一美妆个护品类销售排行与消费者研究》表明，17.2%

的产品会在名称中明确标注专业成分，45%的消费者对化妆品的专业成分有所了解，其中烟酰胺在"面部护肤专业成分排名"中以24.9%的占比位列第二，仅次于玻尿酸，"成分党"正在崛起。HomeFacial Pro就是在这种情况下聚焦"成分护肤"这一细分品类的，HomeFacial Pro围绕其产品线在社交网络上制造成分护肤品的话题讨论，聚集了大量关注成分护肤品的消费者。

（2）聚焦单品，圈层KOL密集推广

有了"成分护肤"这一核心聚焦话题之后，HomeFacial Pro开始在社交媒体，主要是微信公众号和小红书两大阵地进行密集推广。通过分析品牌可能的消费者属性挑选了大批公众账号，并将这些账号分类。再根据品牌主推的几款产品分别和账号合作定制针对性的沟通内容，在一段时间内集中将针对性的沟通内容投放到某一类账号上，再在下一个时间段内集中将针对性的沟通内容投放到另一类账号上。这样做一方面可以确保消费者无论关注哪一类账号都可以看到该品牌，实现广泛曝光；另一方面，通过这种集中投放的方式可以制造所有圈层都在讨论该品牌的氛围，再经由圈层账号的引导让消费者主动讨论和搜索购买。

（3）分圈层进行饱和性覆盖

上文中已经提到，HomeFacial Pro在社交媒体上的打法是分圈层进行饱和性覆盖，不会在一个时间段内同时覆盖多个圈层，而是在一个时间段内只聚焦一个圈层，就像传统纸媒一样做重复性投放以达到品牌的饱和性覆盖。如果这个月在美妆类账号上重复投放，那么下个月在生活方式类账号上重复投放，在一个时间阶段内针对一个圈层做密集、垂直的投放。

HomeFacial Pro的品牌建设路径，完美契合美誉度—忠诚度—知名度这条品牌建设路径，忠诚度建立在圈层推广带来的美誉度之上，知名度则在利用社交媒体做圈层美誉度时顺势而来。

从以上两个品牌的建设路径中可以看到，在实际执行过程中存在一些操作原则，具体内容如下。

- 圈层的 KOL 可以是个体网红、博主，也可以是微信公众号这样的媒介资源。
- 制造圈层内的流行度需要在整体策略下长期持续地输出一系列的爆款内容。
- 制造圈层内的热议度不仅是一件突发的公关事件，还是持续的公关输出。
- "破圈"是后续需要持续关注的问题，跟进大规模广告投放或者渠道建设都是可以选择的方式。当然，也可以选择不"破圈"，持续做一个小而美的小众品牌。

步骤1： 把控流行度风向，选对KOL很关键

1. KOL的定义

KOL的全称为Key Opinion Leader，即关键意见领袖。在营销领域中，KOL特指那些能够对用户的购买意见起到关键影响的人。

在传统媒体时代，搭建媒体库，与媒体保持良好的关系，通常是企业公关部的职能所在。而在社交媒体时代，自媒体、博主、网红等各类KOL层出不穷，他们对用户购买行为的引导如今已超过了原本公信力更强的传统媒体。与此同时，KOL这个词也频繁地出现在品牌的营销方案中。

2. KOL的分类

目前，社交媒体上的KOL主要分为以下几类。

（1）在现实生活中具备真实影响力的关键人物

明星、大V、企业家、知名创业者、行业专家等都是在现实生活中具备真实影响力的关键人物，他们往往在现实生活中拥有一个受人追捧的身份，并能以此身份影响到一批喜欢和追随他们的人。

（2）博主

博主是源于西方网络语境的词汇。大多数博主以个人身份活跃在互联网中，由于持续输出对某一特定领域的独特见解而成为该领域内的专业意见领袖。目前，国内比较活跃的博主类别有文化类、时尚类、生活方式类、财经股评类、游戏类、影视娱乐类等。

时尚类博主是近年来在国内营销领域尤其活跃的博主类别，他们因为对用户具有极强的号召力而逐渐受到国际奢侈品品牌的青睐，大量品牌将原来用在明星身上的预算挪到时尚类博主身上，借助时尚类博主与用户之间更加亲近的距离和更强的信赖度实现对普通用户的代入和营销。

（3）草根网红

草根网红是国内近年来萌发出的一股强大的新生势力。随着微博、抖音、快手等中国互联网原创社交平台的崛起，一大批视频类、图像类草根网红崛起，他们通常拥有一批忠实的粉丝，在自己的粉丝群体中拥有极强的号召力和带货能力。例如，快手的网红"散打哥"，在2018年"双11"期间创造了10小时取得1.6亿元销售额的业绩。

（4）具有流量的自媒体

目前，国内一大批排名靠前的微博、微信自媒体都属于机构化运作，这类自媒体进行商业运作的成熟程度远远高于个人博主，虽然他们对外的形象并不是一个活生生的"个体"，而是一个"新媒体账号"，但在如今流量即话语权的社交媒体时代，具有流量的自媒体也被纳入KOL的范畴。

在传统媒体时代，对媒介资源的使用更多地表现为甲方（广告商）与乙方（媒体）的关系，而互联网时代是个体崛起的时代，这些KOL的背后是一个个鲜活的人物，他们不再是传统意义上进行广告发布的乙方，不再单纯作为一个信息发布平台而存在，他们更多地作为一个与品牌共创内容的平台而存在。

大多数KOL 都会基于自己对产品直接的使用体验去创作内容，即使有部分KOL
选择采用甲方的公关通稿，也会根据自己粉丝群体的特性对内容进行微调。所以，
为了加强KOL对产品的好感和推荐度，品牌需要在市场部单独设置公共关系的岗
位，以专门维系品牌与KOL之间的关系。

步骤2： **制造圈层内的流行度和热议度**

制造圈层内的流行度需要一系列长期持续的在整体策略下的爆款内容输出。

我们常常看到，百雀羚、杜蕾斯的热点海报或者某网红的抖音视频一夜之间充
斥社交媒体。但是，要制造圈层内的流行度，仅仅依靠一个单一的爆款内容是不够
的。即使这个爆款内容的带货能力很强，要建设一个品牌，也需要持续不断的爆款
内容输出。

社交网络给品牌带来的圈层效应有利也有弊。有利的是，品牌如果选对了
KOL，同时使用了好的话题，就可以迅速在圈层内制造出流行度。弊端表现在用户
对社交网络热点的追逐十分迅速，热点容易转瞬即逝，因此品牌必须持续不断地制
造吸引用户眼球的内容，才能延续用户心中对品牌流行度的感知。

制造圈层内的热议度不仅是一件突发的公关事件，还是持续的公关输出。因
为用户总是健忘的，即使是一夜之间的爆红，消费者也只是对事件本身有短暂的记
忆。要提高用户对品牌的记忆度，品牌还需要持续不断地制造公关输出，这样才能
保持品牌在用户面前的曝光频次。

这里有一个普遍的误解，有部分营销管理者对数字时代的公关的理解，就是想
出一个吸引眼球的创意，然后雇用一批KOL或者"网络水军"对这个事件进行助
推，在极短的时间内通过社交媒体引爆事件热度，使品牌得以在这个热点事件中获
得曝光。但实际上这种操作方法在大多数情况下被用于公共舆论事件和影视艺人营

销，并不适合在需要长期和系统性规划的品牌建设的过程中使用。

在圈层内制造热议度之后，如果没有任何用户留存或品牌价值感的沉淀，那么对品牌来说，即使热议度再高，这场公关也毫无意义。所以品牌做用户口碑、做EPR，关键之处首先在于要清楚做给谁看，以及想要给目标用户传递什么信息。

品牌建设的从0到1，只能从一个细分的市场开始做，从一个特定的族群开始做，所有的EPR也都要围绕这个特定的族群来开展。明确了这一点，才能在品牌初创期做到原始用户的积累，以及实现本节开篇所提及的全新的品牌建设路径：美誉度—忠诚度—知名度。

案例一：神州专车用EPR突围专车市场

神州专车在2015年刚刚进入专车市场时，面临着滴滴出行、Uber等巨头共分市场的激烈态势。作为一个后来者，神州专车区别于其他专车的差异化定位就是"安全"。那么在品牌建设上，神州专车就需要将"安全"这一定位传递到用户心智中，在用户心智中树立"安全"的专车品牌形象。的确，神州专车通过一场EPR成功地在用户心智中建立了"安全"的值得信赖的品牌形象。

基于品牌"安全"这一精准的定位，神州专车以此为重点主动出击，利用大众对"安全出行"这一社会议题的重视引起大众的广泛讨论，并邀请明星和KOL作为神州专车"安全"的代言人，在大众认知中建立了神州专车和"安全"的强关联。紧接着，神州专车发放优惠券以吸引大众体验神州专车服务。基于前期神州专车对舆情的预期，在整个EPR过程中，神州专车牢牢把握住社会议题对神州专车的正面性，成功地将大众对社会议题的讨论引入对神州专车"安全"的认知中，完成了"神州专车是安全专车"这一品牌形象的建立。

EPR作为公关传播在互联网上的延伸，最大的特点就是让传播速度加快、让传播面增大。如果品牌想通过EPR包装去塑造品牌形象，那么品牌可以在自身产品上找到一个独特的亮点，并长期持续地做公关发声。

对一部分没有预算启动媒介投放和雇用KOL的小微品牌来说，如果其产品力够强，产品本身有独特的卖点，就能够吸引圈层内用户的关注，也是有可能走通美誉度—忠诚度—知名度这条品牌建设路径的。

案例二： Mstudio花与礼物利用零预算打造圈层内的流行度

Mstudio是成都的一家花店品牌，通过纯互联网运作，在一年之内成为成都高端花店品牌，年营收额超千万元。其品牌建设采用的就是从美誉度开启的品牌建设路径。

作为一个区域性品牌，Mstudio在选择KOL时受预算限制无法使用全国性的KOL，但这给了它一个从圈层启动的机会。

2015年，随着IFS、太古里商圈及各大奢侈酒店进驻成都，Mstudio与Hermes、丽思·卡尔顿酒店、博舍等一系列新进入成都的高端品牌合作，迅速在圈层内获得认可。Mstudio将自己的标志性产品赠予成都的各路博主，请他们在社交媒体上"晒"出产品，将"Hermes指定鲜花品牌"的信任背书借助KOL迅速扩散到社交网络上。接着，Mstudio与街拍网站P1共同推出一项长期的"鲜花配美人计划"，由街拍摄影师随机将鲜花赠予街头高颜值的素人，生成了大量用户原创内容。沿着"品牌—博主—素人"的传播路径，Mstudio迅速在成都区域内建立了"全城好看的人都在买这家鲜花"的圈层印象，成功制造出圈层内的流行度，引发了大量普通用户的关注和追随，最终创造了在一年之内不花一分钱广告预算建立高端品牌的奇迹。

在建立了"成都网红花店"的品牌印记之后，Mstudio在2017年获得了CHANEL的官方推荐并成为"CHANEL成都地图"必打卡之地，收获了包括"芍药姑娘"在内的多个全国花艺类垂直媒体的报道，进而成功突破地域限制，在全国时尚圈层内获得了知名度。通过不断在圈层内维系自己的流行度，Mstudio逐渐走出成都，相继在其他城市开店，成为一家知名的都市网红花店。

上述案例带有明显的建立区域品牌的优势。相较于建设一个全国品牌，建设区域品牌所需的资金投入更少、进入门槛也更低，但这也恰恰是数字时代给品牌建设带来的全新机会。从区域开始建设一个新品牌，投入资源更加聚焦，也更容易在短时间内制造圈层内的美誉度和热议度。在赢得了用户的美誉度之后，再借助互联网传播的扁平性，借助具有同样兴趣的人群进行对外扩散，赢得全国知名度。

在过往的传播环境中，即使产品非常具有美誉度，在区域市场中深耕了数十年的一个老字号，也很难真正突破地域限制成为一个具有全国知名度的品牌。而在"以兴趣聚人"和"以兴趣打透圈层"的数字时代，从圈层知名度开始，以全国知名度为终，这种EPR的运作模式已经成为一条全新的品牌建设路径。

神州专车、Mstudio的案例给营销管理者提供了两种不同的品牌建设路径。如果产品本身可以挖掘出一个有较强讨论性的话题，那么可以从策划一场EPR事件开始，迅速引发关注，并借此传递品牌定位。如果预算充裕，那么可以在全国性的圈层人群内启动；如果预算相对有限，那么可以像Mstudio一样选择在区域性的圈层人群内启动，最终突破全国的社交圈层，成功建立品牌知名度。

3.1.2　从忠诚度开启——强产品力品牌的建设路径

从忠诚度开启的品牌建设路径如下图所示。

在从忠诚度开启的品牌建设路径中，开启的第一个步骤主要是依靠粉丝和社群运营来实现的，也就是说，首先要找到品牌的种子用户。

互联网泰斗级人物、《连线》杂志的创始主编凯文·凯利曾经提出一个知名的1000个铁杆粉丝理论，即任何创作艺术作品的人，只需要拥有1000个铁杆粉丝就可以糊口。在这个理论中，凯文·凯利假定这1000个铁杆粉丝愿意为创作者创作出的任何作品付费。而这1000个铁杆粉丝就是从忠诚度开启品牌建设路径的第一批种子用户。如今社交网络的活跃度极高，依赖社交属性维护的社群经济和社交电商都很容易承担起初创品牌的成本支出，并保证品牌有一定的利润，因此对初创品牌来说，在线上更容易迅速盈利，实现弯道超车。

找到种子用户，驱动他们的口碑和热爱，让他们变成最早对品牌有忠诚度和美誉度的一批人，这就是1000个铁杆粉丝理论实现品牌建设的路径（见下图），也是一个数字时代的营销管理者必须具备的技能。这条路径分为以下3个步骤。

我们先来看两个案例。

案例一：小米

小米品牌在刚创立时完全没有营销预算，于是它把最初的100个种子用户的名字放在手机启动画面上，让用户帮助免费传播，这100个种子用户就成了小米口碑传播的起点。紧接着，这批种子用户开始不断扩散，成长为小米社区，再到米聊论坛，他们在论坛上讨论产品、提供建议。2011年，MIUI拥有了50万名"发烧友"，现在它已坐拥超亿名"米粉"。而这些成就都是靠着最初的那批种子用户长期持续的口碑扩散获得的。

由于良好的口碑在特定圈层内形成美誉度，进而经过不断扩散最后在用户中建立品牌认知，这是典型的利用一定粉丝基数启动品牌建设的路径，小米就是典型的利用粉丝营销的案例。小米从创始之初就一直重视并积累自己的用户，通过"发烧友手机"的概念，聚集了一大批支持国产手机品牌的"发烧友"并建立了基于品牌的粉丝群体——"米粉"，再通过营造粉丝的参与感，建立了"米粉"对小米手机的美誉度和忠诚度。小米的联合创始人黎万强曾表示，与粉丝互动是小米成功的秘诀，"小米让粉丝参与产品研发、市场运营。这种深度介入，满足了粉丝全新的参与式消费心态"。正是这种长期持续的互动，使得"米粉"对小米品牌建立了极高的忠诚度，并不断向粉丝群外扩散，直到在广泛的群体中也建立了小米的品牌知名度。几乎没有花广告预算，小米就快速打造了一个国内用户都熟知的品牌。

案例二：Lululemon

Lululemon是时尚运动服饰界近年来的一匹黑马。2017年，Lululemon的整体营收与中国运动品牌安踏几乎持平，但安踏的门店数量在1万家左右。Lululemon 2018财年第三季度的数据显示，其销售额同比增长21%，达7.47亿美元，其中电商销售额同比增长46%。这个来自加拿大的瑜伽服品牌最让人称道的是它创造了极高的坪效，店面每平方英尺的销售额高达1400美元，Lululemon的DSO（Days Sales Outstanding，应收账款周转天数）只有2.38天，而UA（安德玛）是32.85天，NIKE是38.10天。也就是说，Lululemon只需2天就能把账目变成现金。更重要的是，除了基本物料制作，Lululemon几乎没有投入广告费。

不打广告，不请名人代言，由此节省的费用被Lululemon用于它们最重要的营销手段。基于瑜伽所代表的健康生活方式的社群营销，Lululemon与用户建立了面对面的真实的连接。Lululemon通过打造一支以瑜伽教练、健身房教练为主的KOL队伍，利用社交网络平台及频繁的线下免费培训活动，通过这些KOL将品牌理念、产品体验、生活方式等信息面对面地传递给用户，和用户建立了根深蒂固的、亲密的连接关系，并通过这种口口相传的方式建立了用户对品牌的认知。

Lululemon聚焦于瑜伽这一领域，专注进行基于瑜伽的社群营销。通过打造一支以瑜伽教练、健身房教练为主的KOL队伍，长期开展免费瑜伽课程，一步步与用户建立连接，并维持与用户长期、稳定的互动关系，在社群用户忠诚度的基础上逐渐形成品牌，最后实现从忠诚度到美誉度再到知名度的跨越，不依赖于广告投放即完成品牌的建设。可以说，Lululemon走出了一条全新的品牌建设路径。

小米和Lululemon代表了近年来兴盛于互联网的新兴品牌，这类品牌一般都具备以下几个特征。

- 产品具备高颜值与可"晒"性。
- 具备娴熟地组织与运用 KOL 的能力。
- 具备良好的社群运营能力。

这类品牌的通常打法是特定客群—快速连接—圈层推介—扩群扩散。在这条路径中，首先要解决的问题是如何找到自己的种子用户，以及去哪里找自己的种子用户。

1. 找到自己的种子用户

对功能性的产品来说，找到自己的种子用户是相对容易的。例如，Lululemon从瑜伽服起家，就从瑜伽教练和瑜伽教学社群中寻找自己的种子用户；UA和ASCIS经营专业的健身运动装备，则从跑步爱好者社群中寻找自己的种子用户；小米主要经营手机，则从手机爱好论坛中寻找自己的种子用户。对大量不具备明显功能性的产品来说，社交网络是一个可以迅速找到种子用户的地方，如母婴类产品的种子用户可能在母婴社群，美妆产品的种子用户可能在年轻女性聚集的平台或社群，招聘类产品的种子用户可能在职场交流社群。

社交网络是性价比较高的找到种子用户的渠道，因为每一项产品对应的兴趣点都能在社交网络上找到对此感兴趣的人群。对于连兴趣点都不是很强烈的产品，也可以在社交网络上运用广告营销的方式去唤起用户对产品的兴趣，通过一遍遍的数据筛选和数据清洗，最终找到对产品感兴趣的人群，找到产品的种子用户。

戴森就是这样的品牌。戴森作为一个进入中国不久的家电产品品牌，并不能直接在社交网络上找到家电爱好者人群，也从不在微信、微博账号上投放广告，或请名人和KOL制造圈层内的流行度。戴森运用自己良好的产品力，常年在腾讯和阿里巴巴这两个用户平台上做广告投放，测试哪一类人群对自己的产品感兴趣，通过一层层捕鱼式的测试和筛选，最终将对自己产品感兴趣的种子用户留在自己的平台上并实现转化。

2. 让自己的产品具备可"晒"性

产品创立初期的特定客群，有时是企业自己也想象不到的人群。以Mstudio为例，在其产品创立初期，大家以为目标客群是男性，男性会选择好看的花礼送给自己的伴侣，但实际上男性关注得并不多，反而女性的关注度非常高，她们扮演了热情的种子用户角色，不遗余力地在社交网络上推动自己的伴侣来购买Mstudio的产品。

在数字时代，产品在投入市场之后往往会收到反馈，哪部分人群对这款产品的反响度最高、反响最热烈，这部分人群就是产品的种子用户。而只有当用户收到产品并愿意在社交网络上主动"晒"出产品的时候，用户才成为赚来的媒体。

自有媒体、付费媒体和赚来的媒体的区别如下图所示。

	定义	例子	角色或作用	优点	缺点
自有媒体	品牌自己控制的渠道	企业网站 企业移动网站 企业博客 企业微博	与直接和潜在用户，以及与赚来的媒体建立长期的关系	企业可控制 成本低 效果是长期的 用途广 受众精准	效果无保证 不被信任 需要花时间长期维护
付费媒体	品牌付钱买来的渠道	电视广告 付费搜索广告 其他赞助	吸引眼球 激发讨论	按需使用 迅速 范围大 可控	嘈杂 可信度低 效果每况愈下 花费昂贵
赚来的媒体	用户变成的渠道	用户口碑 病毒式传播	倾听和反馈——赚来的媒体是企业自有媒体和付费媒体协同良好的结果	可信度高 形成销售的关键因素 透明 栩栩如生 花费相对低廉	不可控 可能有负面评论 范围广 很难衡量

除了基于产品本身的可"晒"性去赚取免费的用户主动曝光，"同款"也是用户主动"晒"某款产品的重要考量维度，即这款产品是否是明星、网红、KOL也在使用的产品。对营销管理者来说，先把产品送给明星、网红、KOL使用，再付费请他们分

享其使用体验并给出好评，是一个很好的带动普通用户跟风"晒"产品的方式。

所以，让产品具备可"晒"性是营销管理者需要思考的问题。从产品本身来说，高颜值自然是具备可"晒"性的重要因素，但不是全部因素，具备可"晒"性有两个关键的考核指标。

（1）为什么用户愿意"晒"

高颜值是一款产品区别于其他产品的特点，但颜值高低不是决定用户是否愿意"晒"出产品的关键，差异化才是。

（2）"晒"了以后能否看出是你的产品

赚取产品在社交网络上免费曝光的机会的关键是，当你费尽心思做出一款产品之后，用户在微博、微信、小红书等社交平台上晒出这款产品时，其他人是否能一眼认出这是你的产品。

黄太吉曾经在其实体店装修时给设计师提过这样一个要求——要让顾客从每个角度拍黄太吉，在朋友圈"晒"出照片或视频后，别人都能一眼认出这是黄太吉。

以上两个指标就是营销管理者在思考产品可"晒"性时的关键指标。你的产品是否具备一经被"晒"出就能被认出的能力呢？

3. 利用社群运营驱动用户对自己的爱

让自己的产品具备强烈的视觉识别性，是为了让在社交网络上来之不易的曝光变得尽量有效，使产品被有限的用户记住；利用KOL是为了让用户感受到自己使用的这款产品和KOL使用的产品是同款，让用户感受到潮流的归属感，并进一步加深用户对品牌的认同和提高用户在社交平台上免费"晒"出产品的概率；而社群运营是触动美誉度和忠诚度的第三步，宠爱你的用户，让你的用户为你疯狂，以持续增加免费为品牌推介的"自来水"，赚取大量的免费曝光。

在粉丝社群的维系和运营上，三只松鼠可以说在细节上做到了极致。三只松鼠深知，一方面，用户主动在社交平台上"晒"出产品一定带有自己的主观情绪；另一方面，用户发布在社交平台上的内容会影响其社交关系链中其他用户的购买行为，口碑对品牌的影响至关重要。因此，三只松鼠在产品体验的每一个环节都力求远超用户的期望，让用户为之疯狂。例如，用户在购买坚果时可能需要垃圾袋，也可能需要打开坚果的工具，因此三只松鼠在其包裹里加上了垃圾袋和打开坚果的工具，虽然增加了额外成本，但是用户会被这份细心和体贴打动，进而主动将这份超出期望的体验分享到社交平台上。

同一社群中的人因为同样的消费水平和消费喜好而关联在一起，当他们都在为一个品牌疯狂时，会持续加深同类人群对这个品牌的认同，进而驱动其他用户分享给其周边的朋友。这样，品牌就获得了知名度。

除了基于产品本身对用户的运营，有部分新兴品牌的创始人自己也拥有良好的公众形象与沟通能力，可以在社交平台上以品牌创始人的身份直面用户，进而驱动用户对品牌的爱。

关于如何做社群运营，有很多不同的方式，大部分社群运营做得好的品牌都在微信群这个渠道上玩得不亦乐乎，这些方式在此暂不介绍。但无论方式如何，社群运营的核心都是宠爱用户，驱动用户对自己的爱。

3.1.3 从知名度开启——运用好资金的高门槛和高杠杆

对资金相对充裕的品牌来说，资金是一个可以抬高竞争门槛的武器。对拥有上亿元级预算的品牌而言，充裕的资金可以让它比那些因为启动资金有限而从忠诚度开启品牌建设路径的品牌更快引爆品牌。

在国内市场中领跑中国饮用水品牌的农夫山泉在品牌建设上以擅用长视频、讲故事的方式而闻名。2014年，农夫山泉在央视首发了一个长达3分钟的纪录片式广告。纪录片式广告的投资成本巨大，从制作到媒介投放都是高门槛，而且稍有不慎便有石沉大海的危险。但这种方式新颖，制作精良的纪录片式广告从品质层面上详细地向人们传达了品牌的核心价值所在——水源好，就是产品好。该广告一经推出，市场反响极好，于是农夫山泉再接再厉，又推出了几个纪录片式广告来讲述其水源的优质。

以互联网信息"短、平、快"的特性而言，在当时的互联网上并不适合采用纪录片式广告。在互联网上，用户很难做到像观看电视节目和在影院中观看电影那样沉浸式观看。在当时，把一个3分钟时长的广告放在视频网站的贴片广告位置是不可想象的一种行为，在强干扰和随时可以关闭屏幕的互联网上，用户的注意力仅有几秒钟。但农夫山泉为了在互联网上传播自己的优质视频，采用了一种全新的广告投放方式：用户可以在5秒后无条件免费关闭广告，如果用户对广告内容感兴趣，也可以选择继续观看。在用户观看30秒以后视频网站才会开始计费。这个看起来极其冒险的举动，却得到用户的拥护："感觉像是和农夫山泉做了一次互动，印象更深刻了。""今天刚刚看到农夫山泉的这个可关闭的广告，虽然显示可以自愿关闭，但是看到这句话之后竟然不忍心关闭，认认真真地看完了！"

由于媒介成本差异，品牌在互联网上亮相是高性价比的投资方式。但与一些传统媒介（如影院、电梯等）拥有的独占用户注意力的天然优势不同，在互联网上强曝光的同时必须进行用户互动和转化，才能真正利用好数字环境的优势，将品牌与用户之间的链条缩短。

大投资＋补贴杠杆的做法，通过运用大资金杠杆补贴发券裂变，获取并留存用户，迅速建立起品牌知名度。这种做法在互联网产品市场中，尤其在"专车大战"及"千团大战"中，用户都已习以为常了。但在传统的消费品行业中，大家还是觉得非常新鲜。这是因为大量的传统企业没有很好的基础数字设施去做渠道的承接和用户的留存，这和专车、团购这一类原生于互联网环境内的新品牌有很大的差异。这就是会使用数字营销工具与不会使用数据营销工具的企业的差异。

近年来，运用上亿元资金的高杠杆迅速建立新品牌的还有小罐茶。小罐茶在亮相的第一年，通过在央视密集投放长视频广告的形式迅速达到强曝光，并引起人们的关注。一时间众多微信公众号都在议论横空而出的小罐茶是什么，小罐茶通过资金的高杠杆迅速引起了人们的热议。由于小罐茶是一个全新的词汇，在互联网上从未出现过，因此在数字环境中的流量收口就变得异常简单。当人们在互联网上搜索小罐茶的具体信息时，小罐茶在百度、阿里巴巴、京东商城这3个重要的搜索入口中，分别通过百度品牌专区、天猫旗舰店、京东旗舰店进行流量拦截，实现对广告投资的高知名度的收割，利用人们想要进一步了解产品的好奇心，在自己的电商销售平台上进一步实现产品的品质教育和销售转化。

在中国，启动新品牌的营销费用在数亿元量级的企业不在少数，但失败的很多。为什么只有寥寥无几的以大资金为杠杆，以知名度为首要启动步骤的新品牌取得了成功，而其他品牌却失败了呢？

那是因为，所有的高杠杆投资，都不应该只把注意力放在媒介投放本身。

在传统认知中，把营销费用用在广告上，利用大量级的广告可以带来广泛的知名度，建立知名度就能带来品牌的高势能，自然而然就可以在用户心中建立用户对新品牌的认知。但这样的理解是有失偏颇的，利用资金做广告投放是可以获取知名度的，但是，仅仅依赖广告投放建立知名度，却没有从用户认知上的美誉度和用户体验上的忠诚度这两个维度去做沉淀是无法完成品牌建设的完整路径的。

滴滴出行、神州专车等品牌的打法，是运用广告投放告知，并辅以大量资金，通过发放优惠券触发用户裂变，在社交网络上给用户营造出"请你乘车"的氛围，从而在短时间内实现用户对品牌的热议度，同时在此过程中又通过领取优惠券的方式让用户下载App，完成了用户忠诚度的获取。其整个品牌建设路径就是在用广告获取知名度的同时开启忠诚度的建设。这也是从知名度开启品牌建设路径相较于从忠诚度或美誉度开启品牌建设路径的优势。在完成了获取知名度这一步骤后，其后的美誉度和忠诚度不用刻意遵循特定顺序，可以依次建设，也可以和知名度同步建设。

小罐茶的整体打法，也是在用大资金撬动权威媒介的高杠杆之外，在数字环境中进行完整的流量拦截和收割，在电商平台实现用户沉淀。纵观很多新品牌上市，没有做好知名度沉淀的准备，抱着钱去砸广告，缺乏对用户沉淀和用户运营的思考，等资金用完，用户的好奇心消失，品牌也就失去了大资金本来可以带来的高杠杆。

我们在品牌的案例部分中，只分析了成功案例，并未分析失败案例，因为失败的案例多不胜数。有些失败的品牌只获取了短时间的圈层内的热议度和美誉度，但是其品牌人设失败或产品不过关无法形成用户忠诚度，从而导致失败；有些失败的品牌只获取了一部分种子用户的忠诚度，却一直无法破圈，而其种子用户逐渐减少，最终导致失败；有些失败的品牌只做了广告知名度的投资，没有进行用户忠诚度的沉淀和美誉度的维护，让钱打水漂而导致失败。因此，营销管理者需要明白，走完整个品牌建设闭环路径的才是品牌建设，走不完的只能称为媒介投放。

Tips：品牌是数字时代的顶层思维

对在这个时代涌现出来的新兴创业企业来说，如果创始团队具有很强的互联网基因，则常会表现出重产品、重运营、轻广告、轻营销的特征，但是依然都想要做品牌。A和B的同质化非常严重，A和B都拥有同一款产品，但是依然会有人驱车几公里去B的专卖店购买，这就是品牌的力量。品牌是企业在用户心智中经营的无形资产，因为具有无形性，所以品牌很难用互联网时代的各项数据指标去量化和评价，甚至很难出现立竿见影的效果。但是对品牌的投资是非常值得的，它是一个企业想要在日益激烈的商业竞争中获胜的必备投资。

只有建立了自己的品牌，掌握了运作品牌的能力，企业才能在激烈的商业竞争中让自己免于陷入海量战术迷局。相较于互联网行业流行的运营思维和爆款产品思维，品牌是真正的顶层思维，甚至在很多时候，品牌思维是"独裁"的。在很多时候，选择从知名度、美誉度、忠诚度哪个维度开启品牌建设路径，如何建设用户心中对品牌感知的美誉度，这些都是创始团队的性格和特点在品牌上的自然投射。

在获取线上流量越来越难的今天，很多线上初创品牌开始去线下寻找流量，但是，只将眼光放在流量获取这一步上的人还不足以看到竞争的全貌。擅长线上运营的人要向传统企业学习品牌运营的顶层思维，用品牌去稳固自己的流量池，激发用户对产品的爱，这才是免于遭受日益白热化的流量竞争的出路。

3.2　传统品牌活化

与在互联网浪潮中从零开始建设的新兴品牌相比，传统品牌很早就完成了传统品牌建设的金字塔路径。但是这些传统品牌在刚刚接触互联网时有些措手不及，也曾一筹莫展。由于旧的传播环境的迅速瓦解，各路新兴品牌层出不穷，应对不太及时的传统品牌表现出老化的特征。

什么是品牌老化？

品牌老化是指品牌拥有过往积累的知名度，但是消费者在做出购买选择时，想不起这个品牌，不会对这个品牌的产品产生购买意愿。

处于老化期的品牌，常常会表现出品牌的高知名度与低再现度共存的特征（见下图）。高知名度很好理解，它来源于品牌过往的积累，是存量资产。

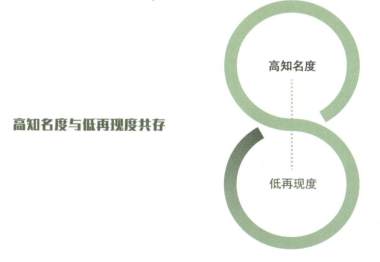

高知名度与低再现度共存

品牌再现度是指"消费者在看到某类产品，或其某个需求需要得到满足，或身处某种购物、使用环境时，从记忆中搜索出某个品牌的能力"，也就是说，品牌再现度衡量的是品牌是否仍然流行、仍然被消费者认同并被消费者购买。低再现度就意味着，消费者虽然知道这个品牌，但在有购买需求时，消费者并不会想起这个品牌，即使想起了这个品牌也不会购买这个品牌的产品。

在过去，企业铺天盖地地投放广告，投入产出效果相当明显，有效地对消费者形成了心智上的占领。因为当时品牌数量相对较少，且传播媒介有限，消费者在不多的选择当中，倾向于大平台的推荐。然而，这一切都在近几年来的粉末化媒介环境中瓦解。传统品牌与正在迅速被各类新兴品牌"教育"的新一代中国消费者之间出现沟通脱节。传统品牌不再懂得新一代中国消费者，不再跟得上中国消费者升级的速度，这成为传统品牌面临的主要问题。

品牌是企业在消费者心目中形成的无形资产。品牌老化从本质上来说不是品牌本身的老化，而是消费者对品牌认知和品牌体验的老化。

下面从改造品牌认知和改造品牌体验两个维度（见下图）来分析如何活化传统品牌。

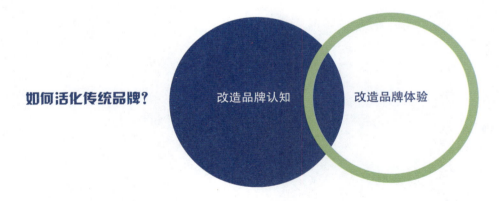

3.2.1 改造品牌认知

和从0到1打造新品牌需要获取新用户不同的是，传统品牌最大的优势是它拥有一批数量庞大的存量用户。

用户对传统品牌的固有认知对传统品牌来说既是一个桎梏，又是一个机会。从

0到1打造新品牌可以减轻负担，进行各种试错，但一个拥有历史的传统品牌在历史的积累上开出花来，也是年轻人喜闻乐见的。近几年来，百雀羚、鄂尔多斯、稻香村、五芳斋、李宁等传统品牌都在品牌活化上做出了非常亮眼的成绩。

改造品牌认知可以从完善品牌人设和增加品牌的社交货币谈资两方面着手，如下图所示。

1. 完善品牌人设

上至品牌端，下至销售端，"老化危机"正让诸多品牌举步维艰。品牌的年轻化形象要想深入人心，必须契合消费主力年轻化的特点，从消费主力的角度去营销，才能形成沟通。庆幸的是，和传统媒体时代大家对品牌的认知是通过广告、终端渠道获取不同，社交媒体的崛起让很多品牌有了很多机会和渠道与用户沟通。在林林总总的渠道中，品牌内涵得到了多样化展示。

消费主力——年轻的用户已经发生了深刻的变化。现在，年轻的用户的自我意识强烈，他们希望主导自己的生活方式。品牌在面对年轻的用户时必须升级其角色。

（1）品牌角色升级

品牌在面对年轻的用户时所扮演的角色必须在传统的劝服者的基础上添加同理心，逐渐过渡到同行者。

第一层次：劝服者

劝服者的通常做法就是教导用户。其背后的逻辑是我的产品或服务好，我比你懂，我要教导你、说服你，然后让你认可并购买我的产品或服务。

但现实情况是，劝服者的通常做法在年轻的用户中已经不再奏效，因为他们的成长环境和他们个性化的特征决定了他们不会认可这种一高一低的沟通模式，他们认可的是平等的沟通模式。

很多传统品牌在社交媒体时代到来时不知道怎么和用户相处，就是由于这个原因。习惯了大量投放广告来劝服用户的传统品牌，很难做到活化品牌认知和品牌体验。

第二层次：同理心

同理心在劝服者的层面上又向前走了一步。在这个阶段，传统品牌开始学会和用户一起玩。例如，当每一个节气到来时，各大品牌都热衷于制作各种节气海报。曾经有一个消费者说，我以前从不知道二十四节气分别是什么、在哪一天，这几年，我从不会错过任何一个节气，因为当任何一个节气来临时，各大品牌都在做同样的节气海报在和我沟通。

加入情感，在社交媒体上和用户进行双向沟通，是完善品牌人设的第二步。今天，大部分传统品牌都完成了这个阶段的学习，或者说正在完成这个阶段的学习。这个阶段的问题在于过于空泛，可能会让用户觉得各大品牌在敷衍自己。

还有一个阶段是更重要的，那就是品牌和用户一起玩、一起做。今天的用户更希望看到的是品牌说到做到，只说不做的品牌人设也会显得肤浅、空洞。

第三层次：同行者

同行者是品牌在用户面前所扮演的角色的最佳表现形式。

同行者的焦点是"行"，品牌要有同理心，这是最基本的。同时，品牌要将同理心体现在自己的行动当中，绝对不能只停留在嘴上。

例如，健身类App Keep的广告中说"自律给我自由"。如果只有"自律给我自由"这一句话，只能说明Keep有同理心，但是Keep还告诉你，我的App可以帮你做到这一点，这就说明Keep是一个同行者。

又如，2017年，MINI Cooper拍了一部电影——《内心引力》，这是一部致敬创业者的电影。这部影片拍摄了4年，累计拍摄了80 000GB的素材，最后在电影院线不能大规模排片上映的情况下采取点映的方式与观众见面，依然取得了场场爆满的成绩。这部影片围绕"永不违背内心"的主题，讲述了几位国际独立品牌创始人关于生活、关于创业、关于挣扎的故事。

MINI作为品牌方，耗用大量时间和精力去拍摄这部电影的原因是，MINI发现MINI Cooper的车主以追求个性、追求内心梦想、在城市中特立独行的年轻人为主，为了与他们同行，MINI选择了亲自去记录他们的生活。MINI用几个真实创业者的故事作为主题，记录了这一群坚持热爱的理想主义者在创业路上如何坚持自己的内心力量的故事，给更多的MINI Cooper车主提供希望和勇气，以帮助他们找到自己内心的力量。

MINI通过拍电影，打破了传统的以产品和功能为中心的表达方式，在劝服者（讲述产品功能）和同理心（我懂你——讲述车主的成功并赞赏你的成功）这两种传统车商常见的品牌人设的基础上，又升级了一步。MINI选择作为自己目标用户的同行者，陪伴在自己的目标用户身边，观察、记录、体谅他们，从情感体验和价值观的角度引发品牌与用户之间的共鸣，这是完善品牌人设的终极一步。

品牌在完成劝服者—同理心—同行者的心理改造之后，就建立了自己的品牌人设。每个品牌的产品和目标用户不同，其品牌人设自然也不同。品牌人设需要根据品牌的产品特性和目标用户来定。让我们来看一个品牌人设的案例。

案例： 睿智又幽默的水井坊

如果说机灵的人设能帮助快消品品牌迅速博得用户的好感，那么水井坊无疑给那些"不怎么接地气"的高端品牌树立了一个优秀的人设标杆。

作为一个拥有百年文化积淀的高端品牌，水井坊一反传统白酒的形象，玩出了人设新花样。它既不盲从互联网低龄化"卖萌"的人设风潮，也不像高端品牌那样冷艳，而是打造了一个睿智又幽默的坐拥600年祖产的坊主新形象，有效地活化了品牌形象。

在水井坊冠名的电视节目《国家宝藏》大火时，水井坊靠着与国宝粉丝无障碍地交流中国上下五千年历史、聪明幽默地与用户互动、时不时秀出提醒大家收看节目的手写书法海报，聪明地秀出了自己传承百年的历史底蕴，收获了一大批忠诚的粉丝；并通过弹幕，在节目中出现"酒禁"文物时，主动调侃并发起承诺理性饮酒的互动，成功引导了舆论风向。

作为高端品牌，水井坊对社会化营销品牌人设的打造具有两个明显的特征。

- 高情商，懂调侃，迅速引导舆论风向。
- 有底蕴，懂幽默，内敛秀出文化内涵。

通过潜移默化地突出品牌个性，水井坊成功打造了睿智又幽默的人设形象，在传统白酒一贯老旧的形象中异军突起。

Tips： 品牌人设延展问题

问题1：社交媒体上的热点值不值得跟？

不可否认，在互联网上已经充斥着各种新奇方式的当下，跟热点的确是一种不可多得的吸引消费者注意力的方式。热点跟得好，可以在获取消费者注意力越来越难的当下，通过一种更加巧妙的方式吸引消费者的注意力。换句简单的话来说，跟热点就是为了跟流量、博关注。

但考核是否跟热点这项指标的关键，在于消费者对这个热点的态度能否强化品牌本身的价值观或产品利益点。如果品牌本身的价值观或产品利益点与热点结合得好，会产生让消费者看到之后会心一笑的效果。但目前大部分跟热点都是牵强附会的、平淡无奇的。

除了内容，时效也是一个重要的考核指标，因为消费者的注意力是非常稀缺的。基本上热点的时效是3个小时，而企业在时效之外做出的动作会让消费者审美疲劳。

所以，是否需要跟热点，关键在于企业对自己品牌"值不值得"跟进行的考量。如果社会化营销团队的精力允许，而且这个热点能给企业的品牌想要倡导的价值观加分，那么可以跟。

如果把跟热点这个动作本身作为考核社会化营销团队的指标，让社会化营销团队为了跟热点而跟热点，那就是舍本逐末了，而且这容易让社会化营销团队为了时效而人仰马翻，所以我们不倡导这样的做法。

问题2：在社交媒体上是否一定要"卖萌"？

由于杜蕾斯的示范效应，"卖萌"在一段时间内成为互联网行文风格的典范，一时间不少社交媒体的从业人员纷纷效仿这种风格。即使到现在，也仍有很多品牌认为互联网的语言风格就应该是"卖萌"这样的。

不是所有的产品都是杜蕾斯，这就是不是所有产品都适合采用杜蕾斯风格的重要原因。同时，这也与社交媒体的从业人员普遍为年轻人有一定的关系，但这并不意味着品牌年轻化就一定要"卖萌"。传统品牌如同中年人，它经过了时间的积淀，形成了自己的人格魅力，因此传统品牌应该找到适合自己的风格，在举手投足之间散发出自己在时间沉淀中积累下的品牌魅力，而不是一味地用"卖萌"去树立自己的品牌人设。

（2）借用名人来投射品牌人设

借用名人是在市场营销中历时已久的做法，请名人作为品牌代言人，是增强消费者对产品的识别度和记忆度的较快方法之一。在名人与公众之间的沟通方式日益多样化的当下，借用名人的方式也变得更加多样化。除了请名人作为代言人，还可以请名人作为KOL来投射品牌人设，阐释其对品牌的理解和对产品的体验，这是一种更经济且覆盖面更广的方式。

名人作为代言人出现在产品广告和公关活动中，灵活性低，而且代言人的使用数量有限，成本较高。更灵活的方法是让名人成为产品使用者，让名人在自己的社交网络上发表自己对产品的使用体验、使用报告和对品牌的看法，简单来说，就是把名人当作KOL。品牌可以批量选择一系列名人的社交网络，如微博、小红书等，或请他们参加单次活动作为产品体验官，并利用媒体加以扩散。一段展示明星旅行箱中所带有的物品的视频，就可以很好地流传在网络上。把消费者很少触及的广告画面上的名人变成一个真实的消费者，用名人受人喜欢的形象、性格、语言去演绎品牌本身的人设，加深消费者对品牌的具象化的感受。

鄂尔多斯是中国改革开放之后诞生的第一批民族品牌之一，它依托的是世界顶级的羊绒原产地资源。然而，鄂尔多斯却被贴上了"妈妈辈""奶奶辈"的标签，这也是很多中国服装品牌的共性。虽然鄂尔多斯一度完成了中国人从毛线衣到羊绒衫的升级，打响了"鄂尔多斯，温暖全世界"的广告语，但它的产品更新太慢、品牌概念没有变化，不能适应新生代消费者的需求，因此遭到新生代消费者的拒绝。

面对中国消费和时尚产业的战略性机会，鄂尔多斯重新调研年轻化的市场，找到了战略突破口。2008年，在"80后"女掌门人王臻的带领下，鄂尔多斯开始了品牌的第一轮升级，包括产品的设计、品牌VI更新和渠道变革。鄂尔多斯邀请了欧洲顶级的设计师吉乐·杜福尔先生负责其国际产品线的设计，并与国际超模合作，重新打造鄂尔多斯的品牌形象、亮相方式、营销渠道等。

2018年8月28日，鄂尔多斯在北京国宝级文化地标——太庙发布了以"始见/未止"为主题的2018秋冬系列产品，并和某国际超模联手推出其同名设计系列产品，借助该国际超模的时尚形象投射自己的品牌人设，不断在消费者心中强化鄂尔多斯不仅是羊绒品牌还是时尚品牌的形象。

国际超模的使用对于鄂尔多斯在消费者心中的形象从"妈妈辈""奶奶辈"转移到年轻人身上起到了重大作用。与传统品牌使用模特拍摄品牌照片不同，鄂尔多斯对除了请国际超模拍摄服装照片，还请她讲述服装与独立女性精神之间的联系，并请她与消费者互动，亲自为消费者搭配服装。该国际超模不仅作为鄂尔多斯的代言人出现，还作为一个喜爱鄂尔多斯品牌的女性消费者出现。

对比在新经济形势下服装行业的低迷，鄂尔多斯实现了新品销售额及占比大幅度的提升。在电商方面，2018年"双11"，鄂尔多斯仅用了8小时44分钟，其销售额便突破了1亿元，提前8小时达到2017年"双11"的全天销售额，而其2018年"双11"全天销售额更是创新了纪录，达到1.47亿元。

2. 增加品牌的社交货币谈资

消费者通过消费购买而来的社交货币，能够为个体带来远高于产品本身的价值。

高单价的高端产品，产品本身就具有社交货币谈资属性。而单价不高的产品，尤其是传统意义上的快消品，由于其单价不高、决策成本低，消费者在快消品A和快消品B之间随意切换的成本很低，因此消费者不会花费时间去讨论快消品。而在社交媒体时代到来以后，我们发现很多单价不高的产品通过对品牌人设的不断建设和夯实，依然引发了消费者持续的社交货币谈资。

为了增强消费者对品牌的记忆度，品牌需要不断地在消费者的生活中出现，让消费者喜欢自己、讨论自己，这就是刻意去增加品牌的社交谈资。在品牌人设已经确定的大策略下，赋予品牌社交货币谈资是可以持续进行的。

案例一：超会玩的奥利奥

奥利奥很擅长玩转产品并制造社交货币谈资。作为一款单价在10元左右的饼干，奥利奥通过奥利奥音乐盒、八色奥利奥等附加了话题和社交货币谈资的产品引发了消费者在社交网络上的讨论。奥利奥从自用市场走向礼品市场。

除了在产品的口味、颜色、包装上做文章，奥利奥对社交媒体的运用也很娴熟。奥利奥邀请来自美食界、美妆界的KOL为其做宣传，制造话题并引导网友讨论。在《权力的游戏》第八季开播之际，奥利奥推出了一个用自己的饼干搭建的权游地图，如下图所示，这在社交网络上引发了疯狂的讨论。也就是说，奥利奥除了关注传统意义上的产品口味等维度，还在好玩等其他维度上给消费者创造了参与话题、体验讨论及自发传播的社交货币谈资。奥利奥不只是饼干，更是消费者乐意展示的社交货币。

案例二："魔性"的百雀羚

百雀羚是一个拥有80多年历史的国产品牌。2009年，当时只有一个经典系列产品的百雀羚想推出百雀羚草本系列产品，并邀请明星代言，以"百雀羚草本，天然不刺激"的诉求深入人心。此后，百雀羚冠名《中国好声音》、赞助综艺节目《非诚勿扰》，增强了百雀羚在传统媒体上的曝光度。但成本过高的缺点也很突出，全年龄段的覆盖始终不能精准地吸引目标受众。而且对目标受众来讲，他们不愿意花费时间去讨论和关注这样一个单价不高且无明显争议的国产护肤品品牌。

当百雀羚将品牌人设调整为"国货精品、极致东方美"之后，百雀羚开始变得"魔性"起来。百雀羚开始在社交媒体上大胆地颠覆自我形象。它利用各种网络流行元素——弹幕、吐槽、恶搞、网络流行语，成功吸引了年轻消费者的注意力。

《四美不开心》《过年不开心》《韩梅梅快跑》……每一次百雀羚的广告出台，都能引发热议，其背后的品牌人设"国货精品、极致东方美"已为越来越多的年轻消费者感知。

到了2019年，百雀羚更是把社会化营销玩出了新高度。它推出《中华礼仪十荐》系列短视频，并邀请某女团为其拍摄了10个幽默的短片，以武侠功夫过招的方式重新演绎东方礼仪动作，吸引了众多粉丝。

就这样，百雀羚成为消费者的热议品牌。2015—2018年，百雀羚连续4年获得天猫"双11"国妆品牌冠军。

以上两个案例都打破了传统的单价不高的产品因为决策成本低，不足以占领消费者心智以引发讨论的"魔咒"。社交货币型产品不是靠大量投放广告就能打造出来的，也不是靠速度和规模堆砌起来的。作为一种以消费者心智为靶向的产品，社交货币型产品的重点是对消费者心理的揣摩和引导，要让消费者从心里去认可和追捧它。

3.2.2 改造品牌体验

消费者对品牌的体验，除了广告画面和品牌宣传中出现的无形的感官体验，还有通过产品和直接接触到的销售渠道进行的体验，所以针对消费者心智中对品牌体验的改造，需要从改造产品和改造渠道两个维度（见下图）入手。

改造品牌体验　改造产品　改造渠道

1. 改造产品

产品是消费者直接接触到企业和品牌的终端途径，所有对品牌体验的改造都会体现在企业为消费者提供的产品上，所以企业应让消费者通过对产品的使用体验来感受企业对品牌活化所做出的努力。近年来，各种联名产品的频发，都是企业对产品体验进行的改善和更新。

案例：赢回年轻人的李宁

2018年，一大批李宁运动时尚潮流产品，在年初的纽约时装周、年中的巴黎时装周，以及潮流快闪店中陆续亮相，李宁也在品牌形象、话题、销售上获得巨大的成功。李宁的官方数据显示，2018年上半年集团的收入提高了约17.9%，达到47.13亿元人民币。

在国潮产品系列上，中国传统元素——水墨画被融合到流行服饰中，"中国李宁"4个大字被印在醒目的位置，成为"国潮"的最新象征。年轻人愿意为李宁和红旗汽车的联名限定款产品排队、抽签、等待，还会寻遍各种渠道只为买到热销的悟道系列产品。悟道2ACE一度成为国内最具吸引力的潮流鞋之一。

采用全新的设计风格，融合中国传统文化，又吸收时下最潮流的元素，这种新的尝试和改变使李宁赢得了消费者的接受和喜爱。通过"国潮"话题，李宁重新树立了代表高端品质、潮流时尚的品牌形象，以全新的品牌形象赢得了市场认可。

2. 改造渠道

品牌老化是零售终端的普遍现象，品牌包装形象老化、柜台形象固定，这一切都不足以建立新的消费者认知、激活老用户、吸引新用户。品牌老化在本质上是消费者对品牌的认知和体验的老化。品牌的年轻化，在本质上也是消费者对品牌的认知和体验的年轻化。

GENTLE MONSTER，这个在2011年才创立于韩国的眼镜潮牌，颠覆了眼镜行业售卖柜台的传统，向眼镜行业中那些固有的观念发起了挑战。

GENTLE MONSTER不断给消费者带来新鲜感的措施之一就是不断地改变店面陈列。GENTLE MONSTER以21天为周期更换店面陈列，俨然把一个眼镜店开成了艺术博物馆。每家GENTLE MONSTER的旗舰店都让路过的消费者大呼看不懂，但是又让消费者怀着对艺术的好奇心走进店来，了解这个品牌传递出来的"怪异"美学。GENTLE MONSTER的创始人兼CEO金汉昆认为：消费者真正消费的不是产品，而是新鲜感，这个新鲜感不是基于生产者的角度产生的，而是要从消费者的角度去看。GENTLE MONSTER的店面陈列让每一个普通消费者都直呼："原来眼镜还可以这样卖。"

同样的案例还有喜茶，在过去，消费者对奶茶店的印象是几平方米的街边店、拥挤的排队人群、买完就走。但是喜茶在其门店的打造上完全颠覆了消费者对奶茶店的认知。从充满少女感的粉色主题店到充满艺术氛围的黑金店，喜茶对门店的打造深刻演绎了从产品到门店都是消费者整体体验中的环节，每家门店的设计都是一个灵感诠释的过程。喜茶的每一家新店的设计都吸引了大批粉丝前来"打卡"。打出新式茶饮品牌的喜茶把空间的体验纳入其品牌文化的建设之中：喜茶不仅仅是一杯茶，环境和消费体验也是非常重要的组成部分，这种理念也通过持续的产品创新和空间体验被注入消费者的认知中。

在过去，人们总是把明星当作导流的必备渠道，这可能低估了品牌自有的输出能力。简单来说，就是带给消费者的一切，都应本着超出预期的目的去做。人们追求物质上的满足，但物质本身可被消费的场所太多，所以需要叠加精神和时间消费，用创意和艺术来建立强大的商业化势能。

近年来，大肆流行的快闪店的做法成为活化传统消费渠道的重要方式。快闪店通过限时展示的短暂渠道去突破现有渠道面临的改造困境，用短时、快闪的方式去创新更多消费者体验的可能性，用迥然不同于线下传统渠道的方式去和消费者见面，制造出价值稀缺性，以引起消费者的追捧。

近年来，高端品牌尤其是彩妆品牌纷纷玩起了快闪店，通过打造限时实体店展示品牌的"奢侈体验"。Coach的人生教练、CHANEL的美妆屋、Tiffany的咖啡馆、Burberry的匠人屋、爱马仕的围巾俱乐部……这些快闪店都是免费向消费者开放的，消费者进去拍照并在社交平台上分享，这就免费为品牌做了宣传。所以，高端产品的快闪玩法，无论从哪个角度去看，都是一件集传播、口碑、转化于一身的方法。

传统品牌的活化分为3个阶段：活化品牌人设、加强情感连接、活化消费者体验。活化品牌人设和加强情感连接需要在比较浅显的传播端去完成，通过更有活力的视觉、社交媒体创意表现即可实现。活化消费者体验可以在产品设计端和终端体验端去完成。每个行业针对品牌老化都给出了不同的解决方式，但都具有一些相似之处。

Tips：传统品牌运作的终极目标是品牌IP化

传统品牌最大的优势是它拥有丰富的历史，它就像一个成熟的中年人，在岁月的磨炼中历久弥新，越发有味道。任何成绩都是需要时间的沉淀的，品牌也是如此。打造品牌是一项长期的持续性的投入，企业需要费尽心力地去维护品牌，才能使品牌随着时间一起进步和革新。

中国的商业化历程比较短，即使是较老的品牌，也就经历了短短100多年的时间。如何创造一个伟大的品牌，是很多国内企业都会思考的问题。

品牌IP（Intellectual Property，知识产权）化是一个品牌检验自己是否是领导品牌的最佳试金石。如果你的品牌势能足够强，你的品牌自身就是一个IP，别人就愿意和你一起用你的流量和知名度进行品牌建设。每一个领域的领导品牌都有自身IP化的潜质，如故宫、茅台都是目前沿着这条路走得较远的中国品牌，它们自身就可以向其他品牌输出IP，同时也进一步强化了自己的品牌势能。

要想创造一个伟大的品牌，最终把自己的品牌变成一个IP，树立自己品牌的价值观是必须要走的一步，也是异常重要的一步。很多人认为价值观虚无缥缈，也无法用一些具象的类似流量、转化率这样的指标去衡量，但是，对一个品牌的价值观的投资恰恰是一个品牌能否成为一个伟大的品牌的关键，并且，价值观需要长时间的投入和耕耘。以苹果、MINI等已经成为IP的国外品牌为例，它们都花费了大量的时间和心力去管理无形的消费者心智资产，去维系和沉淀消费者对它们的爱。树立价值观，换句话说，就是给消费者"造梦"，这需要品牌在其建立过程中，其团队有足够强大的能力去给消费者"造梦"。而对一个品牌来说，给消费者"造梦"是很难做的一件事，也是很有吸引力的一件事。这往往需要几代品牌掌门人持续不断地努力，绝非一蹴而就的。

3.3 品牌声誉管理

在传统营销时代，品牌声誉管理总是出现在拥有知名度之后，一个知名度不够高的品牌，消费者对其的关注度较低，因此品牌声誉度管理这项工作也很难被提上日程。而在社交网络日益发达的当下，信息的传播速度十分迅速，常常品牌方一句不经意的话或一张图片就能成为星星之火，并发展成燎原之势，让品牌方措手不及。在数字时代，面对无规律、随机性强的传播环境，管理自己的品牌声誉是一个课题，需要专门去研究。

3.3.1 品牌如人，需要主动管理品牌声誉

数字时代为品牌提供了一个进行全面自我展现的舞台。不需要主流的权威媒体，也不需要天价的公关赞助费用，品牌的社会形象和人设就这样展现在消费者面前。对没有做好准备的品牌来讲，它们只能本能地躲起来，而近年来品牌声誉越来

越好的品牌，都是通过主动维护品牌声誉、主动吸引消费者的关注来造就的。

对一些还未发展到价值观输出阶段的品牌而言，主动参与一些正面的社会事件，对提升品牌的正面形象是十分有利的。在汶川大地震期间，王老吉在捐款事件中表现出的民族情结给自己带来了非常高的品牌好感度。赞助公益事件也是非常好的提升品牌好感度和美誉度的做法。对部分高端品牌而言，赞助商学院或者大学的一些奖学金项目，也是非常好的增强品牌好感度的做法。

在传统媒体时代，媒体的发声渠道比较有限，如果没有主流媒体跟进，就会出现做了好事却无人知晓的状况。在社交媒体时代，如果你的活动真诚而动人，那么通过社交媒体你可以非常容易地将自己的活动扩散出去，并赢得消费者的赞扬。在社交媒体时代，一篇名不见经传的自媒体上的访谈文章都可能赢得满堂喝彩。通过真实的消费者言论和第三者观察的角度，再加上得当的操作，就可以很巧妙地将品牌的正面形象传递出去。

3.3.2 品牌创始人是品牌的加分利器

在社交媒体时代，品牌创始人与品牌一起受到消费者的关注。消费者愿意看到一个活生生的有血有肉的角色与大家沟通，而没有什么比这个品牌的创始人更适合这个角色了。马云之于阿里巴巴，雷军之于小米，周鸿祎之于360，都是非常典型的品牌创始人和品牌站在一起的案例。

因为品牌创始人是一个活生生的人，人不是神，只要是人就可能犯错，所以消费者对一个人所做出的错误决策的容忍程度比对一个品牌所做出的错误决策的容忍程度高很多，在一个品牌做出一个错误的决策时，品牌创始人出面解释或道歉会更容易取得消费者的原谅。因此，在社交媒体时代，品牌创始人也要学会做网红，为品牌发声。

1. 公开亮相

很多人认为，在目前"双微一抖"（"双微"指微信、微博，"一抖"指抖音）的社交媒体时代，品牌开通社交矩阵已经足够了。但品牌创始人开设私人微博，并和消费者积极沟通，有助于建立消费者对品牌的好感。

雷军就有一个专门的团队每天负责记录和发送微博，雷军每天在微博和Vlog上和消费者互动得不亦乐乎，增强了"米粉"对小米品牌的黏性。

2. 发表观点

一些不太愿意直接走到台前的品牌创始人，也可以选择以只发表观点的方式与消费者互动。

没有什么比一个人的观点更能展现他的世界观和价值观了。通常，一个品牌创始人的价值观就代表着这个品牌的价值观。品牌创始人可以在自己的微博或者公开演讲中发表自己的观点，观点不论对错，目的是让自己品牌的消费者理解自己创立这个品牌的初衷，以赢得更多消费者。

刘强东在谈到京东基层员工的福利待遇时，曾经允诺要让京东的员工活得有尊严，标准之一就是要让京东的基层员工在京东工作满5年后能在自己老家的县城买一套房。

"我觉得当你听到这些故事的时候，就会发现这十几年来，不仅自己有一种幸福感，你还可以让无数的员工过得有希望、对未来充满信心，特别是能让我们的孩子得到公平，这是一件很有成就感的事。我们现在整个公司70%以上的员工都跟我一样来自农村，在这些员工中，凡是在京东工作满5年的，绝大部分都能在自己老家的县城或当地的小城市买得起房子。"在刘强东发表这个演讲之前，京东在舆论上的发声大多数是和推荐物流、"6·18"销售业绩等冰冷的企业经营指标联系在一起的，当这种非常朴素但真实的话从鲜活的品牌创始人口中讲出时，京东这个品牌就具有了温情和感性的色彩，这时，京东不再是一个冰冷的电商平台，它还有人文关怀，从而赢得了大众的普遍好感。

3. 不要吝啬你的情绪表达

比起一个讲话滴水不漏、形象无懈可击的人，现今的大众更喜欢看到一个鲜活的、有脾气、有个性的真实的人。周鸿祎在360与腾讯之争中表现出来的"口无遮拦""炮火轰天"的形象帮他赢得了大量的关注与同情分，后来这样的人设也帮他赢得了不少粉丝，强化了360安全卫士的品牌形象。董明珠与雷军的一纸赌约，给大众上演了一出"连续剧"，让大众持续关注格力和小米这两个品牌的销量，也帮这两个品牌吸引了很多粉丝。

4. 勇于自黑

在人与人的交往中，自黑既是一种境界，又是一种沟通方式。品牌创始人在面对消费者时，采用自黑的方式可能会带来意想不到的涨粉效果。

雷军的"Are you OK？"视频并不是小米公关部的行为，而是网友自行剪辑制作的。雷军在看到这条在传统意义上有损形象的视频之后，并没有选择愤怒与言语相击，而是大方接纳，并且在多个场合中主动使用这条视频来自黑。这样的品牌创始人形象非常符合大众心中对小米亲民形象的认知，让不少不是"米粉"的人因为雷军的表现而成为"米粉"。

5. 谨慎处理个人IP打造与产品品牌打造之间的优先关系

有些品牌创始人会先用自己独特的观点和行为博得眼球，再带出自己的产品。如何打造个人IP是一个新的课题，是一个如同建立品牌人设一样的课题，在这里先不细讲。但需要明确的是，不建议将个人IP的打造凌驾于产品品牌的打造之上。因为人无完人，人总会犯错，如果将个人IP凌驾于产品品牌之上，当个人人设崩塌时，产品品牌的形象就会随之崩塌，这存在巨大的风险。营销的主要任务是建立产品品牌，虽然品牌创始人的个人IP在社交网络崛起之后满足了大众对进一步了解品牌的期待，但是品牌创始人的个人IP只能作为一条辅助线。品牌创始人的个人IP用得好，可在关键时刻扭转品牌声誉；品牌创始人的个人IP用不好，也可能将品牌声誉置于危险之中。

3.3.3 危机公关五步骤

在消费者与品牌接触的渠道越来越多的当下，因为产品、广告画面、高管言论，甚至代言人出现负面影响而引发的舆论危机多不胜数。面对危机公关这个课题，相信很多人都知道危机公关三原则：回应及时、诚实、坦然。那么在这些原则下，品牌可以利用哪些步骤来管理出现危机的品牌声誉呢？我们总结了危机公关五步骤。

1. 立刻接管自己的官方微博

大多数品牌的官方微博平时都由企业市场部运营，甚至有些企业的官方微博由第三方团队代理运营。一旦出现品牌舆论危机，会有很多消费者涌到品牌的官方微博上表达他们的愤怒情绪，这时如果品牌的官方微博的运营人员不能做出正确的回应，就可能进一步激化矛盾。

所以，品牌需要做的第一步就是立刻接管自己的官方微博，直面消费者，观察他们的反映，了解他们愤怒情绪的来源。

2. 弄清楚问题的原因

将品牌舆论置于困境中的原因，通常有两种：一种是与产品相关的事实，如与产品相关的质量问题或企业发生的一些事故；另一种是由品牌形象广告、代言人或企业高管的不当言论引发的价值观冲突。如果是第一种原因，那么最佳措施是第一时间澄清事实，向公众致歉并做出改正的承诺；如果是第二种原因，那么品牌需要再三思量，再做出符合大众期望的回应。

3. 找到社交网络上的信息源头和KOL

虽然互联网时代所具有的强烈的自媒体属性会让信息的来源和扩散呈现出多点分布、全面开花的特性（见下图），但互联网上的舆论轨迹都是可以被追踪的。我们可以清楚地看到一条微博被传播、扩散的轨迹图，也可以清楚地看到信息来源于哪个微信账号，并尝试与他们联系和沟通，但不应一味地要求他们删帖。删帖常常会导致适得其反的后果，与他们沟通，如果是事实层面上的错误，那么我们应表明态度并做出改正的承诺；如果是观点层面上的冲突或误会，那么我们应坦诚地说出自己的观点，尝试取得对方的理解，并请对方持续表达自己的观点。

另外，如果是观点层面上的冲突或误会，那么我们还可以在传播轨迹中找到那些KOL，并和他们进行积极、坦诚的沟通，以寻求和解，因为KOL是能够影响大众舆论走向的重要角色。

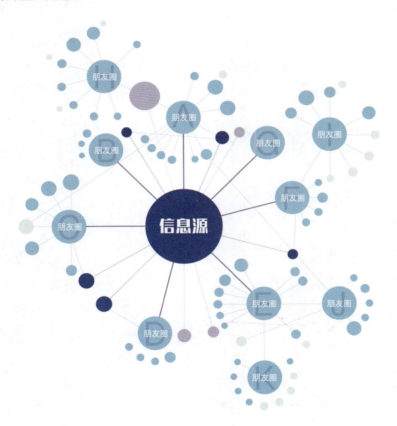

4. 熬过最难熬的前两天

在这个热点层出不穷的时代，在社交网络上一个热点的热度可以维持的时间正在变得越来越短。从原来的一个月、数周，到一周、两三天，再到半天，甚至更短。消费者的注意力很容易被层出不穷的新热点吸引。所以，保持镇定，诚实道歉，进行沟通，熬过最难熬的前两天，或许就可以解除警报了。

5. 是"危"也是"机"：巧妙利用负面知名度，并将其转换成美誉度

通常，负面事件的曝光和扩散速度会更快，很多人进行危机公关的第一步是删帖，即找到信息源头并将其删除。在事态并未扩散之前，删帖或许是一个解决方案，但一旦事态扩散，删帖就不再是解决问题的最佳途径了。

换一个角度来说，如果能把已经扩散出去的负面知名度转换成美誉度，借力打力，就是危机公关高手。

在传统媒体时代，采取这样的做法很难，因为在你被指出错误之后，你在媒体上的每一项公开举措都可能会被认为是在承认错误，顶多换来让事态不再继续恶化的结果。但是在社交媒体时代，一个品牌就像一个人一样，在整个过程中所展现出来的情绪变化、思考历程，是有可能因为展现出人性真实的一面而超越对错本身的。

2017年，海底捞北京劲松店、北京太阳宫店被爆出食品卫生安全事件，海底捞在3小时内发表了致歉信，在5小时内针对这一危机连续发布了7条处理通报，在半天时间内实现了转危为安的逆袭。

海底捞在处理通报中对涉事员工的处理颠覆了一般企业处理危机事件时所采取的态度。海底捞在处理通报中做出如下表示。

"涉事停业的两家门店的干部和职工无须恐慌，你们只需按照制度要求进行整改并承担相应的责任。该类事件的发生，更多是企业深层的管理问题，主要责任由公司董事会承担。"

推卸责任是很多企业遇到产品质量问题时所采取的态度，而海底捞选择了承担责任，它将责任归到企业管理层身上，并在公众面前保全员工。这与其一直倡导的"将员工当作顾客来服务"的企业文化相吻合。公众往往认为，心系员工的企业，不会对消费者太差。

经过多年培育的企业文化，在危机时刻成功帮助海底捞挽回了社会声誉。

对与错本是一种标准，尤其在一些不涉及关系国计民生的重大产品质量问题（如奶粉质量问题），只涉及一些价值观层面的冲突和争论时，对与错之间的界限很容易模糊，对与错之间可以进行转换。

此时，合适的舆论引导就显得非常重要。对意见的引导力，常常由两股重要的力量构成：一股是能对风向起到转换引导作用的KOL；另一股是能够推动这个风向持续向前的数量庞大的消费者。

KOL的选择依据危机事件发生的领域而定，财经类大V、公关类大V或者有公众知名度的人物都可以成为KOL。如果没有此类KOL的资源，那么也无须担心，在社交媒体时代，发布在不知名账号上的一篇有理有据的爆款文章也有可能成为扭转舆论的关键，除了源头的观点，消费者的批量引导也很重要。

要告诉各位品牌创始人的是，当品牌出现任何舆论危机时都不要慌乱，要保持镇定，接管自己的官方微博，掌握传播路径，找准KOL。如果不能将负面知名度转换成美誉度，保持镇定与观望也是一种选择。

Tips：每个品牌都需要一个经纪人

在现今的传播语境下，如果你希望自己的品牌被人关注、被人议论，那么你的品牌需要一个专业的经纪人来管理。

在现今的传播语境下，对于品牌一举一动的放大和阐释，无论是正面的引导还是负面的扭转，都需要一个专业的经纪人来管理。品牌形象、品牌价值、品牌IP化，对高客单价的产品而言，都是非常重要的。管理品牌的本质是管理产品溢价，如果消费者认为某个品牌的价值缩水或老化，消费者就不再愿意购买该品牌的产品。所有让消费者疯狂、喜爱的品牌，都是品牌资产管理做得好的品牌。

在现阶段中，如果你卖的是高溢价产品，你的品牌势能又已经达到一个被消费者关注的高度，那么建议你主动维护品牌声誉，防患于未然。

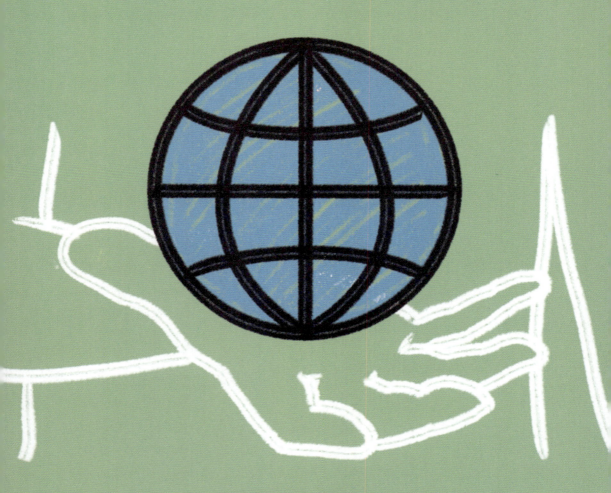

得渠道者得天下。
数字时代新渠道，在这里了解全貌。

第4章

/

渠道：助力企业增长，实现弯道超车

与互联网给大家带来的支离破碎的信息接触环境不同，数字渠道展示了一个全新的"革命者"的形象。对很多营销管理者而言，传统渠道意味着开更多的店、进驻更多的卖场、打通更多的经销商，无论哪一种都需要巨大的投入，而电商则以"低价"的形象出现，打破了传统渠道统治的格局。据国家统计局统计，2018年，全国实物商品网上零售额占社会消费品零售总额的18.4%。除餐饮、旅游等重现场体验的特殊行业之外，部分行业的数字渠道份额占比高达40%。

从"摒弃中间商赚差价"的低价斗士形象，到"满足便捷性购买"的服务形象，再到"线上线下整合服务提供更好附加值"的闭环形象，数字渠道经历了几次大的转折。对传统企业来讲，在数字渠道开始的最初阶段，由于过往的传统渠道建设过于完善，过往的经验过于丰富，一时间大量中国企业都在为"线上线下如何整合，如何解决冲突"问题而发愁，而一大批互联网品牌因为毫无过往经验的负担，随着电商的发展席卷整个中国，收割了电商发展早期的红利。当今，随着几大电商平台作为基础设施赋能企业的建设日趋完善和电商行业人才的发展与流动，电商为线下企业赋能的新红利时期已经到来，传统企业也逐渐放下负担，开始学习如何利用数字渠道更好地为企业带来增长，而且已经有一批企业交出了亮眼的"成绩单"。

淘宝、天猫、微信、京东、美团、小红书、拼多多等，随着一个个全新的数字渠道平台走上聚光灯下的舞台，一大批中国消费者被卷入数字渠道，在一个全新的平台上与企业沟通、接触，并购买商品。

在中国这个庞大的消费市场中，没有什么方法比从数字渠道接触消费者的成本更低、性价比更高了。数字渠道是时代赋予中国企业的工具，若企业对此工具使用得当，则可以轻松实现"卖得更广"的目标。

在品牌、渠道和用户这3个要素中，中国的数字渠道颇具特色。一方面，中国的数字渠道种类繁多，包括以淘宝、天猫、京东为代表的纯电商平台，基于微信的社交电商，以小红书、抖音为代表的内容电商，以及众多独立的第三方平台等。另一方面，阿里巴巴、京东、腾讯等共同构建了世界上先进的数字渠道生态系统。无论是整体格局的复杂程度、变化程度，还是阿里巴巴、腾讯两个巨头的独特生态系统，在全世界都找不到同样的市场和经验可以借鉴。中国新一代的营销和电商人，在独特的数字渠道生态系统中发展出一套独一无二的打法，带领企业重新实现增长。

在这一轮数字渠道的重新建构中，机会很多，红利也很多。对企业来说，要紧紧抓住这一轮渠道调整和数字渠道赋能的机会，再次迎来腾飞。得渠道者，得天下。

接下来，我们就围绕营销管理者如何抓住数字时代带来的新一波渠道红利，以赋能企业实现高速增长展开讨论。

4.1　数字渠道全貌

淘宝、天猫、京东几大电商平台，大家耳熟能详。小红书、饿了么、美团等各大独立电商平台也在如火如荼地发展中。作为一个品牌商家，到底应该选择哪些电商平台去入驻和运营，是需要厘清的问题。

在传统的4P理论中，渠道具有非常强的差异性，中低端产品陈列在中低端的渠道中，高端产品陈列在高端渠道中。在数字渠道中，渠道之间没有明显的差异，大部分电商平台都实现了全价格段和全品类的覆盖。

与此同时，消费者在线下的百货商场购物，常常是逐个楼层逐个店铺地逛，有相对固定的路径。而数字渠道和实体渠道截然相反，消费者并不是沿着"网站首页—频道分类—店铺首页—产品详情页"这样的路径去走的，他们常常从网站首页直接到达产品详情页。数字渠道的路径更短、入口更单一。

这就意味着，在不存在实体渠道的"黄金地段铺面"时，在一个狭窄的手机屏上，资源更加短缺、竞争更加激烈，各个商家争夺的是更加稀缺的"虚拟铺面"资源。竞争资源考量的不仅是预算投入，还包括运营的能力、数据挖掘的能力等，这些都是争夺"虚拟铺面"资源的必备技能，这也赋予了大量中小型企业与强势企业公平竞争的机会。

在数字环境中，拥有"虚拟铺面"资源的渠道主要分为四大类型、七大数字渠道，如下图所示。接下来，我们先来了解这七大数字渠道的特征。

4.1.1 七大数字渠道的特征

1. 天猫

阿里巴巴是中国巨大的数字渠道，它比中国线下大部分传统零售商的规模大很多，并且其规模还在继续扩大。

天猫是目前中国拥有大量流量的品牌旗舰店阵地。阿里巴巴集团2019财年第四季度财报的数据显示，截至2019年3月底，淘宝、天猫移动月度活跃用户数达到7.21亿，全年活跃用户数达到6.54亿。淘宝、天猫在2018财年新增超1亿用户，为品牌和商家带来超过9000亿元的增量生意。目前，国内大部分商家都把精力和营销预算集中在天猫上，在天猫上开设自己的品牌旗舰店，向天猫支付3%~5%的销售扣点佣金。

除入驻天猫的独立店铺以外，商家还可以入驻天猫超市、天猫小店（天猫线下渠道）等天猫自营的渠道。

由于天猫拥有大量流量，因此无论对已经拥有一定知名度的传统品牌，还是没有知名度的海外新晋品牌或是初创品牌来说，天猫都是绝佳的平台。

近几年来，国内广为人知的众多新品牌，如Babycare、HomeFacial Pro，都源于天猫，天猫分化了各大消费品类的细分品牌，推出源源不断的新品，并借助渠道将这些新品推到用户面前。

2. 淘宝

以"让天下没有难做的生意"为企业愿景的阿里巴巴，给予了小微商人、互联网原生品牌一个销售的蓝海——淘宝C店。

对广大想利用阿里系平台的海量用户数据和自然搜索流量，却无力支付天猫运营成本的中小型商家来说，淘宝C店是一个起步门槛很低的渠道。大部分互联网初创品牌、手工匠人、小而美的细分品类，都能从淘宝C店开启成长之路。

但由于目前阿里系平台中的商家对流量的争夺已经接近白热化，淘宝C店曾经的低门槛优势已不复存在。除非是拥有强流量运营能力的团队，大部分新入驻的商家已经很难获得平台的免费流量了。

3. 京东

京东是国内最早聚焦传统品牌产品入驻的电商平台，其本质是借力已有较强知名度品牌的用户，在线上主动搜索、浏览产生购买的流量。

目前，京东的用户以男性为主（根据光大数据2018年5月的报告，在京东用户中，男性占比为61.9%），用户以自主搜索品牌产品的路径为主，所以京东非常适合已经拥有一定知名度的传统品牌入驻。

除京东自营店铺外，京东还拥有京东自营这类自有渠道。虽然京东自营的平台扣点比京东自营店铺高，但京东自营因为具有良好的物流体验而成为一个迅速发展的优良渠道。

4. 微信

微信目前拥有极大的社交流量规模与极高的用户活跃度。依托在微信环境中的数字渠道在发展之初有品牌自建店铺、有赞、微信内的京东入口等，但因为微信具备极强的社交属性，购物属性不是太强烈，所以数字渠道都不太成规模。后来，微信小程序的推出极大地丰富了微信的购物环境。各个品牌可以在微信小程序中建立自己开发的独立商城，也可以依托有赞、LOOK等第三方平台挂在微信小程序中，这种方式极大地丰富了微信环境中的数字渠道配套。

由于微信天然的社交属性，具有"可晒性"的网红产品和具有"炫耀与谈资"属性的高端产品在微信中自然生长，如鱼得水。近几年来，各大高端品牌纷纷"押

注"微信小程序，并在微信中直接建立了从内容获取到一键购买的闭环，都取得了
不错的成绩。

5. 其他社交电商

社交电商之间的竞争，不亚于曾经O2O领域的"千团大战"。拼多多拿下"低
价+拼团"赛道，云集的理念更多的还是"自用省钱"，而爱库存更加强调为分销商
提供赚钱和创业的机会。在这类全新的渠道中，酝酿出很多新兴品牌的生意机会，
尤其是在下沉市场中。

社交电商最大的特色是利用用户身边的真实流量进行分销。如果你的产品毛利
率高，有很大的利益分成空间留给各级分销渠道商，且针对的是下沉市场，那么新
兴的社交电商对你来说是一个正在蓬勃发展的渠道，现在进入还有机会享受比较好
的红利期。

6. 内容电商

以一条、东家、微信及微博为代表的，基于生产优质内容的平台而搭建起来的
内容电商阵地，是近年来异军突起的一个新渠道阵营。由于这些渠道和内容生产本
身捆绑得非常紧密，因此大多数内容电商是由它的内容决定了它的人群属性。

例如，一条以分享中产阶级生活品质升级的产品为主，母婴类账号及社区以销
售母婴类产品为主，黎贝卡、商务范、大眼睛买买买等时尚类账号以分享和销售时
尚穿搭服饰类产品为主。

这部分内容电商大量依托于微信，但也有部分发展壮大到有自己的独立App可以
获取内容和直接购买。整体来讲，这部分渠道都属于"小而美"的渠道，适合一些
具有独特卖点的产品以前期制造"流行感"的方式使用。

在内容电商中，一部分能生产高质量内容的网红对流量的吸引能力很强，因此
他们又独立撑起了一片网红电商的天地。近几年，他们以强大的网络号召力出现在

人们面前。2017年的微博橱窗数据显示，网红电商的日均交易额与累计商品数均保持稳定增长，日均交易额超过5470万元。随着专业孵化网红的机构的崛起，网红正在成为产生于各平台却又独立于各平台存在的一个群体，他们对于流量的拉动也是一股不可小觑的渠道力量。

随着中国互联网的飞速发展，触手可及、形式多样的内容不断产出，但这些内容大都是图文信息，用户逐渐对图文信息"审美疲劳"，而网红直播的出现，打破了这一局面。

从网红直播在2018年撑起了淘宝的千亿元销售额开始，各大品牌纷纷尝试网红直播。网红直播的本质是生动化的促销形式，把以往印刷在宣传单、放置在店铺首页的促销信息，由更有渲染力的真人导购（主播）在镜头前表现和演绎。网红直播并不会带来新的生意机会，但能通过主播的个人魅力放大产品卖点和促销力度，因此网红直播是一种新生代的促销方式。

7. 精准获客的独立第三方平台

基于互联网用户越来越琐碎的兴趣点，大量独立的第三方平台层出不穷，如网易严选、小米优选。另外，小红书、美团等也都呈现出一旦聚集了用户规模效应就可以产生产品销售的渠道特性，这时，品牌需要根据自己产品的特性去选择平台。

对一些知名度不高的初创品牌来说，内容电商和独立的第三方平台都是可以优先考虑的平台。在能够生产出与渠道人群匹配的内容时，选择内容电商和独立的第三方平台更容易实现弯道超车。

小红书对于美妆和服饰类产品，美团、饿了么、大众点评对于美食餐饮类产品，都是非常重要的独立的第三方平台。这些平台有些仅具有资讯获取与搜索的功能，有些已经打造了从资讯获取到支付购买的闭环。第三方数据挖掘及市场研究机构比达咨询发布的《2019年第1季度中国跨境电商市场研究报告》显示，截至2019年3月，小红书的月活跃用户为5087.6万人。对吃喝玩乐等生活方式类的产品来说，类似大众点评的平台是非常重要的垂直渠道。同时，也有大量的小众产品在考拉等海淘平台、野兽派等买手平台上收获自己的新增客群。所以，选择独立的第三方平台，主要的考量因素是人群与自己产品的匹配性，渠道匹配适当，将会带来意想不到的增长效果，甚至有可能完成销售从0到1的迅速积累。

以上这些数字渠道大都呈现出人群特性和对运营技巧需求不同的差异。在电商平台发展之初，大家倾向于入驻所有的电商平台，实行广撒网、全面开花收割流量的策略。但随着电商平台格局的发展与变动，大多数平台的平台风口期已过，大家需要做各种主动的营销和运营动作去吸引流量。从理论上来说，在电商平台上你能上传的SKU（针对电商平台而言，SKU是指一款产品，每款产品都有一个SKU，以便于识别产品）是无限的，但是决定你能力的是你有多少机会借助流量和平台把产品推到消费者面前。消费者主动选择来的自主流量，靠的是你的品牌力；消费者靠平台推荐来的促销流量，靠的是你的营销能力和预算实力。大多数品牌都不能做到品牌力、营销能力和预算实力全面开花。所以，如果选择过多渠道进行全面运营，对于团队的精力和资源就是一种分散。建议品牌根据自己产品的不同特性，选择和自己产品的受众相匹配的电商平台，集中发力。

已经有一定知名度，且消费者以男性为主的传统品牌，可以选择京东作为其主要渠道阵地。如果是一个已经有一定知名度，且消费者以女性为主的品牌，那么可以选择天猫作为其重要的渠道阵地。中小型品牌，选择天猫、京东这类大平台都不太容易突围，这时品牌需要考量自己团队的长处。如果团队拥有熟练的淘宝店铺运营经验，那么可以将重点放在淘宝上；如果团队拥有较强的内容生产能力，那么可以选择微信和内容电商。

4.1.2 数字渠道的差异化特征与平台营销

以上七大数字渠道与传统的实体渠道相比，呈现出以下几个明显的差异化特征，这几个差异化特征不仅要求企业配备专业的电商运营团队，还要求企业的线下渠道团队明白数字渠道面临的是完全不同的渠道环境。

1. 数字渠道的差异化特征

在出现盒马鲜生这样的线上和线下渠道都需要对接和配备人员的新零售业态时，企业的线下渠道团队需要明白数字渠道的差异化之处，这样线下渠道团队和线上渠道团队才能真正做到理解彼此，在新零售的浪潮中真正做到彼此配合。

数字渠道的五大差异化特征如下。

- 视觉体验为先：消费者在线上消费时更容易冲动，因此视觉体验是第一要素。
- 碎片化：数字渠道的容量无限大，但狭窄的手机屏幕的容量极小。
- 个性化：千人千面的数字渠道给每个消费者都打造出一个自定义的百货商场。
- 运营专业化：渠道可以无限复制，复制成本极低，但引流成本高昂。
- 可量化：一切路径与指标皆可追踪、可分析、可衡量。

2. 平台营销

什么是平台营销？平台营销是一个于2015年出现的词汇，它是随着阿里巴巴、京东、腾讯等几大独具特色的数字渠道平台的崛起，而延伸出来的基于这几大数字渠道平台的相关营销。

简而言之，平台营销的本质就是基于数字渠道而延伸出的生态营销。

阿里巴巴、京东、腾讯这三大平台都具有海量用户聚集、独特数据分析工具、直接实现销售的特征。对品牌来说，这三大平台已经成为数字渠道中品牌与用户沟通的基石与土壤。由于这三大平台的基础设施日趋完善，因此这三大平台已经各自发展出一套与其平台内部规则相匹配的独立营销策略。

平台营销不仅包括电商运营和广告投放，还涵盖了从用户洞察、获取用户、策略计划到行动和效果评估的整个业务流程。

阿里巴巴（天猫、淘宝）

阿里巴巴具备完善的消费购买人群数据，可以提供完善的品类容量分析、人群消费行为分析。在阿里巴巴的新零售计划启动后，阿里巴巴还可以将自身的数据与企业自身的会员数据打通，进行全域营销。对一个全国性品牌来讲，无论是品牌宣传还是获客，阿里巴巴都是不可忽视的重量级渠道。

京东

京东整合了有品牌消费习惯且以男性为主的中国都市人群。对部分消费人群集中在都市中产人群的品牌来说，除了可以将京东作为一个销售渠道使用，还可以将京东作为一个广告投资平台使用，作为一个和都市中产人群长期沟通品牌形象的平台使用。

微信

微信是腾讯于2011年推出的通信服务应用程序，它具备完善的社交行为数据，可以提供完善的地域、兴趣等社交数据，并且能在社交中赋予品牌价值感，可以带动产品在电商平台上的销售。

下面，我们来看如何利用和管理阿里巴巴、京东、微信、内容电商这些渠道，以帮助各类企业利用好这些渠道的流量红利，为企业赋能，实现"卖得更广"的目标。

4.2 阿里巴巴：检验营销效果的销售晴雨表

阿里巴巴集团2019财年第四季度财报的数据显示，截至2019年3月底，淘宝、天猫移动月度活跃用户数达到7.21亿，全年活跃用户数达到6.54亿。而仅2019年财年第一季度，阿里巴巴的营收就已达到1172.78亿元，这是国内互联网界首家单季收入突破千亿元的企业。阿里巴巴频频刷新中国零售业的纪录，正在成为一个超级渠道。

由于拥有众多的用户，阿里巴巴可以反馈线上和线下全渠道营销效果，用户的链路在不断缩短，品牌在营销上所做的任何尝试都会体现在电商的流量变化和销量变化上。因为阿里巴巴拥有完善的数据分析工具，可完整监测用户进入的渠道、用户自主搜索进入的规模、转化率的提升、与竞品的市场容量对比等全链路数据，所以在阿里巴巴上的流量和销量变化已经成为目前检验营销效果的销售晴雨表。

4.2.1 阿里店铺管理五原则

阿里店铺管理五原则如下图所示。

阿里店铺管理五原则

1. 视觉体验是全部的用户体验

与传统渠道中现场导购人员对用户的购买决策有着极强的引导性不同，在电商平台中用户的购买决策大多数是由用户自行做出的。越来越多的用户在浏览完产品详情页后自行下单，不需要与客服沟通。这就意味着，视觉是用户接触到你这个渠道的所有体验。在没有现场导购人员、没有商场广播提示的环境中，你必须制作一个足够清晰、足够明了、能够让用户一眼看清产品利益点和价值的无人货架（即数字渠道）。

一个优秀的无人货架需要满足如下几个条件。

- 符合品牌形象与定位。
- 清晰地传达产品利益点。
- 清晰地传达促销政策。
- 购物路径简单、清楚。

对中高端产品而言，要建立一个符合产品和品牌形象的无人货架，花大气力进行"装修"，完善用户的视觉体验，是其建立无人货架的必修课。例如，雅诗兰黛等海外高端护肤品品牌在天猫上开设品牌旗舰店，第一件事就是花重金对店铺进行"装修"；NIKE不仅重视品牌旗舰店的视觉设计，还聘请了专业团队来设计用户浏览路径，优化交互体验。雅诗兰黛与NIKE的品牌旗舰店如下图所示。

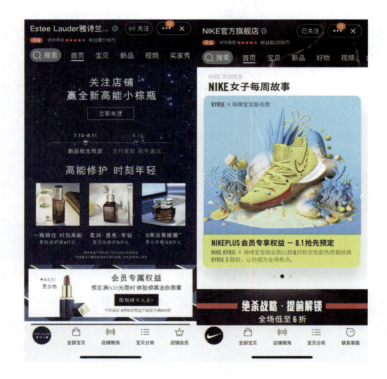

一个优秀的无人货架要完成的视觉体验不仅仅是"美"，还有对产品利益点"清晰而美"地传递，在没有现场导购人员在用户身边声情并茂地介绍这是一个怎样的产品时，你需要用文字和画面清晰地讲解你的产品是什么、你的产品与别人的

产品有什么不同、为什么要购买你的产品。

产品利益点的优化是无止境的，需要在常年的电商运营中不断摸索。但所幸数字渠道是架设在数字高速公路这样一个基础设施上的，所有指标都是可以被追踪和衡量的，而这些指标可以为决策提供依据。

无人货架中的购买转化率分为两个指标：询单转化率与静默转化率。询单转化率是来店铺咨询最终下单的人数占来店铺咨询人数的比例。静默转化率是在用户浏览到产品时，不需要询问客服就自行下单的人数占总下单人数的比例。静默转化率是考验店铺视觉优秀与否的直接指标。静默转化率在视觉改版之后的提升或降低一目了然。一个无人货架是否优秀、是否美，不由装修者说了算，而由切实的购买转化率说了算。

2. 把产品详情页当作店铺首页来做

在数字渠道中，用户的路径十分简短，用户往往不是沿着"网站首页—频道分类—店铺首页—产品详情页"这样的路径去走的，而是从网站首页直接到达产品详情页，甚至根本不浏览店铺首页，直接在产品详情页完成购买之后就离开，或者跳转到其他产品详情页或其他店铺。

把产品详情页当作店铺首页来做是假设每个进入产品详情页的用户，都没有完整地浏览过店铺首页，也并不了解品牌信息，而是直接进入了产品详情页。因此，我们不能因为在店铺首页写过品牌的重要信息，就在产品详情页省略不写。在数字渠道中，要把每个单独的产品详情页都当作店铺首页来做，完整地呈现品牌信息、产品利益点、促销政策等信息。

3. 争夺手机端

早在2015年，中国手机网购用户规模就已达到3.4亿人，在网购用户中占比高达82.2%。来自阿里巴巴集团手机淘宝的数据显示，2018年"双11"购物狂欢节期间，用户通过手机淘宝购买的产品支付宝成交额高达53.5亿元，是2017年的5.6倍（2017年"双11"全天成交额为9.6亿元）。手机网购已经成为年轻人的主流生活方式之一。

手机网购这样一个全新的购物形态，也带来一个问题，那就是手机屏幕十分狭小，使得渠道资源变得非常有限，能否占据用户搜索结果的首屏成为考核渠道有效与否的关键。如果你的产品出现在产品搜索结果手拉上滑5屏之后，那么你的产品不会被用户看到。若以手机屏幕每屏中出现4个产品来计算，如果你的产品没有出现在产品搜索结果的前20位，那么你的产品在数字渠道中基本等同于不存在。

（1）千人千面

为了应对手机网购浪潮，让不同的用户都可以在有限的手机屏幕中找到自己想要购买的产品，阿里巴巴首先推出了千人千面，后来千人千面很快成为所有电商平台的通用行规。千人千面是指根据每个用户的浏览习惯、收藏习惯、购物习惯的不同，由电商平台自动向用户推送不同的首页呈现结果和产品搜索结果。在浩瀚的产品海洋中，对用户手机首屏的争夺对商家的运营能力提出了更高的要求。在最后的呈现结果出来之前，商家需要自主地通过各种方式在用户购买之前就与用户产生更多的连接，这样才能顺应电商平台的系统设置，更好地出现在用户的手机首屏上。

（2）竖屏思维

手机网购给用户带来的视觉体验是竖屏的，是和手机呈现的尺寸一致的。这对设计人员是一个巨大的考验，因为在传统的设计界中，海报和产品画面都是以横屏为主的。中国大部分的设计公司和设计人员都习惯了横屏设计，突如其来的竖屏设计需求一时让他们措手不及。关于如何把产品利益点和视觉美感这两个要素更好地呈现在手机屏幕上，国内首位提出竖屏思维的电商人陈柱子写过一本书——《竖屏思维》，对数字渠道的视觉呈现感兴趣的营销行业从业人员可以参考。

4. 开门见山的首屏三图原则

用户在线上的消费更容易冲动、考虑时间更短、在一个产品详情页面上的停留时间更短，这就意味着，你的无人货架必须在手机首屏的3张图上讲清楚你的产品是什么、你的产品与别人的产品有什么不同、为什么要购买你的产品这3项关键信息。产品详情页面中的前3张图片尤其重要，一定要把最有视觉冲击力和购买诱导力的图片放在前面。如果你不知道哪张图片对用户更有吸引力，你可以轮换测试，用数据来衡量。娓娓道来不适用于数字渠道，用大量的篇幅做烘托，讲好一个故事，把卖点放在后面或埋在其中也不适用于打造用户在数字渠道中的体验。为了更快、更好地争夺注意力难以集中的用户，开门见山地突出产品利益点，要在3张图中讲清楚你的产品是什么、你的产品与别人的产品有什么不同、为什么要购买你的产品，这是数字渠道管理的黄金法则。

5. 时刻追踪测试，实时优化

在传统渠道的评估中，很多专业的公司会对渠道的地段、人流进行评估和衡量，进而给予渠道选择的建议。在数字渠道的建设中，由于电商平台是建立在以数据为基础生产资料的互联网上的，店铺就像位于一条由数据组成的高速公路上，因此渠道的追踪是可以用数据去做全方位的追踪评估的。

其中又以阿里巴巴的数据基础环境最为扎实，在整个阿里系平台中，只要你会使用平台给你提供的数据，你就可以提高你的产品购买转化率、优化店铺设计，还能追踪用户在你的店铺内的每一个动作：浏览路径、跳转路径、流失方向。这些都为你的店铺优化提供了绝佳的素材。所以，在数字渠道中，绝对不是开设一个店铺这么简单，也不是开设一个美美的店铺这么简单，懂数据分析和基于数据去做整体优化，是管理数字渠道的基本功。

4.2.2 阿里系平台营销五步骤

阿里巴巴有完善的消费人群数据，也有完善的数据分析工具，可以提供完善的品类容量分析、人群消费行为分析。与让淘宝上的卖家自由生长不同，阿里巴巴对天猫卖家在资源和营销工具上的倾斜更明显。从线上零售交易平台到商业社会新零售的引擎，天猫正在成为全球品牌数字化改革升级的主阵地，同时，天猫也在以自己的方式创新品牌与用户的沟通连接。

拥有海量流量的阿里巴巴对企业来说，已经演变成一个以数据技术为驱动、以用户为中心的营销平台，成为一个企业拓展全国性渠道、打破现有渠道桎梏并接触到海量新用户最便捷的方式。企业如果将营销运作得当，可以取得以下有利的结果。

- 借助事件营销在短时间内实现全国性的品牌曝光，并直接导向销售。
- 借助平台节点的海量流量获取新用户，尤其是年轻的新用户。
- 借助阿里巴巴提供的工具在数据平台上实现用户管理，持续管理用户，降低用户维护成本。

运用天猫这个平台，可以起到推动新品、获取新用户、把品牌旗舰店升级为品牌用户主运营阵地的多重功效，这些功效都不是传统意义上的单个线下渠道可以实现的。近年来大热的奥利奥音乐盒案例、天猫超级品牌日案例、天猫小黑盒案例，都是大家耳熟能详的天猫平台营销案例。接下来，我们就来介绍阿里系平台营销五步骤，如下图所示。

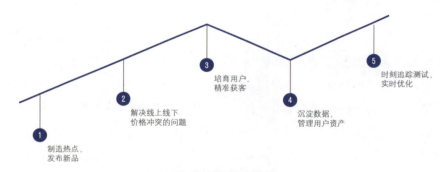

阿里系平台营销五步骤

1. 制造热点，发布新品

在阿里系平台上，海量的流量（用户）是一直存在的，所以在这样一个拥有海量流量的平台上，企业需要制造热点，以吸引用户的眼球，将平台上的海量流量聚集起来为自己所用。

通常制造热点的方式有两种：请明星和推新品。不论是否请明星来助阵，在数字渠道中推出网络限定款新品来吸引用户的眼球都是必不可少的。同时，因为阿里巴巴自身的政策，在天猫上推出新品能更好地得到平台资源的支持。以奥利奥饼干为例，亿滋市场电商部作为企业方，已经和天猫磨合出平均每5个月就能推出一款新品的速度，这既满足了现有用户对于产品消费的新鲜感，又最大限度地得到了天猫的流量支持。

推出年轻人喜欢的有趣产品和明星代言的限量款产品是推出网络限定款新品的两种常见方式。

（1）推出年轻人喜欢的有趣产品

能否推出足够新奇和有趣的新品、能否制造话题是对企业的考验，近年来的故宫IP国风口红、奥利奥音乐盒饼干（见下图）、旺旺设计师款都是深受年轻人追捧的有趣产品。这些产品都具有以下几个特征：新奇、有趣、价格在200元以内。单价在200元以内的产品是电商平台上容易被大量用户接受、容易转化的产品。

（2）推出明星代言的限量款产品

靠明星吸引用户的眼球是企业常用的营销方式。当电商平台这样的数字渠道崛起之后，明星的使用效果可以在带货（直接转化销量）这个指标上被直接衡量。

在传统营销中，请明星为品牌拍摄广告可以起到提高品牌曝光度、借明星形象提高品牌知名度（或好感度）的作用。在数字渠道中，也可以借助数字渠道中的流量找到某位明星的粉丝，将粉丝对该明星的喜爱转移到对该明星代言的品牌上，真正实现粉丝经济。

例如，三只松鼠携手某当红组合，组建了由该组合的3位明星带领的3支战队，与3位明星背后的受众群直接对话，带动了三只松鼠产品的销量。

案例：奥利奥

2017年5月16日，奥利奥推出的奥利奥定制音乐盒在阿里系平台（淘宝、天猫、聚划算）上线，限量20 000台的奥利奥定制音乐盒瞬间售罄。

这款音乐盒充分展现了奥利奥团队的奇思妙想，在玩法上极大地满足了年轻人的想象。饼干本身作为唱片可以播放音乐，咬一口放上去就能切换歌曲，咬痕不同、大小不同，歌曲也会不同。

这款音乐盒是奥利奥团队和天猫内部4个技术团队在共同磨合、研发几个月后，孵化出的一款定制产品。早在2016年5月6日的奥利奥天猫超级品牌日，奥利奥就首次尝试了阿里巴巴的定制系统，当时这一定制流程藏在奥利奥填色定制装的交易链路中，所有人都可以随意购买自己定制的饼干。2017年，奥利奥继续深入定制产品开发，在原本定制化饼干的基础上，延伸出了饼干播放音乐等其他黑科技玩法，再利用明星的粉丝效应，内外联动转化明星粉丝，大大提升了转化率。2018年，八色奥利奥天猫"双11"10周年定制限量款在上市4个月后销售一空。

如今，天猫已经成为中国主要的产品上新阵地。2018年，天猫新品上市数量超过5000万个SKU，新品消费订单达30亿笔，占据中国线上新品消费市场总额的70%。天猫更是开发出专门的新品中心来对接企业，天猫专门的新品中心目前对年销售额在5000万元以上的品牌旗舰店开放，天猫用平台与数据的洞察和企业的生产线进行结合，完成极速的新品创造。

2. 解决线上线下价格冲突的问题

对传统企业来讲，由于在线下已经建立了完善的价格体系，刚刚接触电商可能会面临线上线下无法做到同款同价的问题。实际上，数字渠道并不是作为线下渠道的"价格杀手"而存在的。的确，在数字渠道出现的初期，由于减少了中间供应链环节，减少了商务流转的成本，电商平台是以"低价"的形象出现在大众面前的，也让大众对其形成了低价的印象。

但在现今的中国，电商平台逐渐以"便捷""时时刻刻的逛街感"等全新的形象替代其原有的"低价"形象。电商平台用"降价促销"一个硬指标去要求企业适应电商平台的局面也逐渐得到了缓解，以阿里巴巴为首的电商平台逐渐转变为一个提供基础服务的供应商角色，一个提供数据服务、广告支持、新零售软件支持等能够助力企业的角色。

这时，很多传统企业所面临的线上线下价格冲突的问题逐渐得到了缓解，并且涌现出大量线上线下同款同价，不仅不冲突，还反哺彼此的成功案例。解决线上线下价格冲突问题的方法有以下两种。

（1）间隔开发布时间

企业在线上线下保持同样的产品发售，但借助电商平台先做全网首发，借电商平台的流量吸引关注度，引爆热度以后再进行线下发售。鄂尔多斯与其品牌代言人某国际超模推出的限定款产品即是如此，鄂尔多斯先借用该国际超模的影响力在其天猫店发售限定款产品，在限定款产品推出两个月后再逐步引入线下店铺同款发售。

（2）用不同容量区分价格带

对很多有标准规格的产品来讲，其在线下已经拥有了稳定的渠道和价格带，想要照顾电商平台的产品价格亲民、更适合年轻网购人群的特性，不一定非要通过产品降价的方式来实现。可以通过减少产品的容量来降低客单价，以保证产品价格体系不混乱。例如，轩尼诗和酩悦香槟都分别在电商平台上推出了迷你装来降低客单价，迷你装的亲民价格受到了广大年轻网购人群的喜爱，但由于迷你装的容量少，因此保证了产品价格体系的稳定。

无论对老牌的西方企业还是国内的传统企业来说，线上与线下之间的激烈冲突已经逐渐消失，线上已逐渐成为一个为线下和企业赋能的平台。在电商的实践中，通常线上和线下的增长都是呈正比的，一个区域的线上消费增长，通常也能带动线下消费的增长。

3. 培育用户，精准获客

无论是对初次进入中国市场的海外产品，还是对想要拓展全国市场的区域品牌来说，阿里系平台都是很好的平台。因为阿里系平台汇集了中国大量的消费人群，并且在阿里系平台上开拓渠道所花费的运营成本和精力，远远小于在中国广大的土地上去铺设入县入镇的渠道成本。

所以，通过阿里系平台获取一部分忠实用户，再根据地域来开设自己的线下店铺，用数据来降低自己盲目开设线下店铺的成本，已经成为目前一部分线上品牌从线上获客奠定线下渠道拓展的新模式。

案例：戴森

戴森在进入中国时明确提出，想要获取中国消费能力最强的20%的人群。这个获客需求的难度极大，对于人群的划分有太多的不同维度，如何从一个笼统的"20%"去挖掘人群不同维度的属性标签，最后精准圈定这20%的人群，是一个极大的挑战。而戴森选择同阿里巴巴合作，借助阿里巴巴的数据银行，通过持续追踪数据资产，并积累和重复利用数据，最后成功找到了这20%的人群。

戴森通过初始投放去测试这20%的人群可能覆盖的成百上千个标签，让数据沉淀至数据银行，在这期间还追踪用户在阿里巴巴生态系统内的全链路状态并激活用户，持续累积用户资产。这些资产都可以以各种组合的方式被反复应用到包括阿里巴巴的电商、娱乐和营销服务在内的矩阵中，而品牌则可以根据对用户进行多次行为分析，一步步筛选出最核心的潜在目标用户，之后在营销活动当天，通过钻展、短信或其他广告形式再次触达用户。

4. 沉淀数据，管理用户资产

随着电商全面抢占移动端，品牌与用户的沟通就仅限于一个有限的手机屏幕之中，所以为了使自己出现在用户手机首屏中，多多累积用户资源，将用户收入自己的数据银行中，就显得极为重要。这一部分和上一部分的获客是紧密关联的。

（1）阿里巴巴拥有完善的数据银行系统

利用数据银行可以沉淀数据，并持续地对用户数据进行管理和营销。由于阿里巴巴多年来在数据基础设施上的持续投入与完善，目前阿里巴巴已经拥有完善的数据银行系统，可以无缝对接多个流量平台，并直接在阿里系平台上实现销售。

百度—阿里系平台

阿里巴巴内部的流量宝可以沉淀所有从百度搜索过来的流量，并且将这些用户留存到阿里系平台上。当用户打开淘宝App和天猫App时，他就能看到平台千人千面的推送。

案例：某茶叶企业的春茶上市

对某茶叶企业的天猫旗舰店来讲，在阿里系平台内部购买"春茶""春茶上市"相关的词或许需要支付很高的费用，这时可以试试在百度平台上购买"春茶""春茶怎么买""春茶多少钱"等相关的品类词，将搜索环境中直接搜索产品和品类词相关的人群拦截下来，并引导至阿里系平台，进而在天猫平台内进行流量收割和销售转化。更重要的是要运用好阿里巴巴的数据工具，因为在百度平台上的投资是一次性的，所以需要挖掘到对产品进行主动搜索的用户，以便在该用户下一次打开淘宝App或者天猫App时，向该用户展现自己的店铺。这也是节约成本、提升投资回报率的做法。

微博—阿里系平台

微博时至今日已经发展成一个巨大的内容平台，尤其对娱乐类事件来说，微博是具有巨大流量的平台。因此，对利用明星代言的产品来说，微博是一个能唤起明星的粉丝对产品的关注，并且在阿里系平台上实现流量收割的平台。

案例：奥利奥音乐盒

在奥利奥音乐盒的案例中，奥利奥先是通过拉取达摩盘（阿里妈妈的数据管理平台）中其品牌大使某明星的相关潜在用户人群，之后在社交平台——微博上借势该明星的粉丝效应，爬取该明星相关微博的转发、评论互动人群，最后由数据银行沉淀到天猫超市、奥利奥大牌狂欢进场人群。通过打破平台内外的数据壁垒，由站内站外联动转化高势能明星的粉丝，大大提升了转化率。

除百度和微博这两个主要平台以外，还有一些平台也可以很好地运用阿里巴巴的数据工具与阿里系平台对接，并且用千人千面的展现方式来对用户进行运营。全网营销、阿里收割，已经成为阿里系平台营销的大势。

（2）借助阿里系统优化企业自己的CRM系统

对一个企业来说，通常都是自建CRM（Customer Relationship Management，客户关系管理）系统。但大多数企业对客户的管理能力是非常弱的，除了手里掌握了一大堆电话号码，并没有严格意义上的客户管理。

很多企业在举办活动时，除了给客户群发短信，并不知道还有什么渠道可以进一步与客户沟通。

阿里巴巴的新零售系统在自己的线上会员的基础上，可以接入企业自己的会员数据，可以通过企业手中掌握的手机号码匹配阿里账号，并在所有阿里系平台（如淘宝、天猫、支付宝、口碑网等）上对客户进行全面的信息触达。由于阿里系平台都引入了千人千面，这就意味着，企业手中掌握的客户数据信息越多，就越有机会持续性地在阿里系平台上与客户沟通，持续性地建立连接。企业可以通过这些接触渠道，直接同客户在线上开展一些有趣的营销活动。

5. 时刻追踪测试，实时优化

数据平台最大的特色是没有什么模型和范式是一成不变的，在一个每天都要理解未知边界的数据世界里，我们要以能接受不确定性的状态去看待数据的改变和接纳数据的改变。哪一种类型的用户对哪一个价格带的新品感兴趣、复购率更高，哪一种类型的用户对哪一类广告产品的点击率更高、购买率更高等信息，都可以在持续的观察与测试中去实时优化。企业需要持续地沉淀、追踪、分析在数据银行中积累的用户资产。

Tips：为什么全网营销的流量收割平台是阿里巴巴

近年来，阿里巴巴多次对外称自己是一家数据公司，而品牌数据银行就是阿里巴巴为各大品牌推出的产品。这与近来许多企业所重视的"数据驱动增长"理论不谋而合。每个品牌都需要积极地参与到数据生态中，找到适合的与用户沟通的方式。

但在实际应用中，"数据驱动增长"理论依旧面临着几大难题。在数据应用中被提及最多的3个问题如下。

- 数据孤岛：不同渠道的数据割裂。
- 数据流失：数据资产不能积累和重复利用。
- 数据断层：数据资产无法形成持续追踪。

在当下，数据往往被当作一次性的消耗品，单向使用，单次沟通，单次催化。品牌营销人对用户转化的过程、喜好的变化和品牌影响力效果的判断都是不完整的。理想的数据应用场景，应当是一个持续催化的过程，以数据作为营销进程中每一步之间的纽带：品牌对用户施加个性化影响，之后总结用户的反馈，分析并再次触达用户，最后回流数据用于下一次的催化。

为了解决数据困境，阿里巴巴推出了品牌数据银行。品牌数据银行是一个建立在阿里云之上的品牌用户资产管理中心，它能够回流和沉淀品牌同用户的每一次互动，让品牌追踪到这些用户的全链路状态，并在阿里巴巴生态系统内实现用户激活，帮助品牌持续累积用户资产，催化品牌与用户的关系。

在阿里巴巴全域营销体系内，品牌数据银行是一切的基础，它不仅让整个营销流程中的数据可见，还提供了一套可执行的方法，让品牌在全链路中可以掌控用户的转化旅程。

在近年来被大家所熟知的阿里系平台营销的热门案例中，无一不是利用阿里巴巴的数据工具反哺品牌的。

Tips：电商黄金公式

无论以上哪种渠道，只要是数字渠道，都可以运用电商黄金公式。

传统企业的营销人员可能对电商黄金公式感到陌生，或者说无法将这个公式和传统企业目前工作中的维度对应起来。

在传统企业中，流量对应的是进到店铺的人数；转化率对应的是购买的人数；客单价更多的对应的是品牌，因为品牌在这里代表的是价格，是让用户觉得购买该品牌的产品是物有所值的关键因素。

但在互联网时代，这些数据在后台就可以直接看到，所以每个指标的变化变得很容易评估和追踪。这也是全新的营销环境给营销行业的从业人员带来的便利，即营销行业的从业人员可以更好地追踪自己工作的效果。

4.3　京东：销量为王的主阵地

京东是中国品牌商除天猫之外的另一个重要选择。京东在中国拥有稳定的市场份额和客群。虽然京东在后台和营销上的玩法没有天猫那么丰富，但京东作为一个绝佳的销售阵地，是一个非常好的流量承接平台。

比起阿里系平台的"逛街"属性，京东是一个用户购物属性更强的数字渠道平台。京东在品牌产品选择、下单、物流的体验方面都是目前国内领先的。对品牌知名度高的产品来说，京东的销售反馈效果不亚于天猫。

以小罐茶为例，作为一个近年来出现的新品牌，小罐茶短时间内在央视密集投放广告，以吸引用户的关注度。之后，"小罐茶"作为一个新出现的品牌词，在京东站内迎来搜索高峰，在京东站内主动搜索"小罐茶"的流量竟然比京东站内整个茗茶类目的搜索流量还要高。

除了作为一个品牌产品的销售阵地，京东还有一些意想不到的作用。由于京东整合了有品牌消费习惯且以男性为主的中国都市人群，因此部分消费人群集中在都市中产人群的品牌，除了可以将京东作为一个销售渠道使用，还可以将京东作为一个广告投资平台使用，作为一个和都市中产人群长期沟通品牌形象的平台使用。

京东物流的出色表现逐渐成为许多企业运用数字渠道的福利。随着京东在各大中心城市物流仓的建设完备，不少企业将京东作为经销商使用，大大节约了自己的物流成本。

4.4 微信：体验为王，高端品牌必争阵地

腾讯拥有完善的社交人群和社交行为数据，虽然腾讯在将自己的社交数据转战电商销售变现这条道路上，做过自建电商、和京东打通购物链接等尝试，但效果总是不及预期。而在2017年微信推出微信小程序之后，微信终于赢来了电商销售的爆发。

微信是一个基于社交而建立起来的生态系统，在社交的底层架构之上延伸出来的资讯、购物等功能，都会受到基础设施架构的影响。所以在微信体系中，所有购买渠道都是依托内容平台而存在的，如以微信商城的形式依托在微信公众号上，或者依托在微信小程序的入口中。正因为如此，微信中的购买渠道大多数是以内容电商的形式呈现的——一条优质的内容带上一个产品的购买链接，这种方式适合场景类的单品介绍。

能很好地运用微信渠道的人，既有通过内容电商打造出一条、黎贝卡等明星店铺的媒体人，又有虽然不懂互联网和营销但打造出销售额高达数十亿元的全新品牌的创业者。所以，无论你的背景如何，微信都是一个不可忽视的新兴渠道。

4.4.1 玩转微信平台营销

与阿里系平台不同的是，腾讯系平台中以高端产品的平台营销异军突起最为亮眼。考虑到高端产品与中低端快消产品的消费人群不同，所以我们将重点以高端品牌为例来分析腾讯系平台营销是如何为高端产品赋能的。

由于高端产品的单价较高，因此消费者的决策周期较长，消费者花在了解资讯

和思考上的时间较多。于是，拥有更多社交行为的微信变成消费者获取信息和分享信息的主要渠道。

国际奢侈品协会的数据显示，中国奢侈品消费者的平均年龄已经从35岁下滑至25岁，当前奢侈品的主要原动力为21~35岁的人群，这部分人群也是网购的主流人群。同样地，中国的年轻消费者也倾向于通过数字渠道来获取奢侈品的信息，以帮助自己做购买决策，约有12%的中国消费者通过KOL的微博和微信公众号获取奢侈品牌的信息，12%的人群通过品牌在社交媒体上的官方账号获取最新资讯。

高端产品的定价本质是建立消费者之间的社交认同，消费者通过社交网络来了解产品以帮助自己做购买决策，通过社交网络"晒"出产品，前者在微信公众号上完成，后者在朋友圈内完成。微信推出的小程序，对注重与目标消费者产生长期、稳定情感连接的高端品牌而言，无疑是一大利器。高端品牌可以在微信这个闭环内实现传递信息、营销、收割的全流程。

在消费高端产品的人群中，有很大一部分人所在的城市没有高端品牌门店，微信可以作为高端品牌触达这部分人群的重要载体。另外，微信的日活跃用户数超10亿，这些活跃用户中包括很多具有一定消费能力的年轻人，对想让消费者更多地感受自身产品特性，并沉淀更多品牌粉丝的高端品牌来说，微信是重要的数字营销阵地。

要想玩转微信平台营销，可从以下两个方向出发。

1. 玩好社交，通过社交数据圈定人群

（1）圈定现在的购买人群，向其提供多样化的贴心服务

在众多"押注"微信小程序的品牌中，男装品牌杰克琼斯的母公司绫致集团被视为微信小程序多组合玩法的标杆，它通过打造WeMall实现了线上线下多渠道流量变现。绫致集团的总裁助理透露，WeMall创新的导购功能让绫致集团导购人员的

效能延伸，使导购人员可以不受时间、地点限制地对离店用户进行1对1甚至1对N的再运营。统计数据显示，有部分销售来自导购的朋友圈推广、跨地区购买及闭店时间，WeMall极大地突破了物理空间与营业时间的制约与束缚。

（2）搜罗并圈定对产品感兴趣的潜在用户

借助社交广告多元的广告位和样式，品牌可以结合腾讯大数据，更精准地触达潜在用户，更长效地实现品牌的传播与销售的转化。

在微信平台上的电商试水方面，Dior开创了奢侈品行业的先河。在2018年中国的情人节——七夕这一重要节点，Dior推出了Lady Dior Small七夕限定款手袋，在其微信线上精品店发售，并通过朋友圈广告和微信公众号的组合投放方式，在微信平台上做了全方位的公关推广。其外层文案和图片通过创意方式突出告知"七夕限定款"及"线上发售"的信息；进入查看详情页面可以观看品牌视频，并可进行互动，体验七夕限定款手袋的定制过程；创意视频加互动体验，提升购买意愿；页面最后直接导向电商购买。最终，Dior不但获得了高于行业平均值的互动点击率，而且其单价2.8万元的200只限量手袋在36小时内被抢购一空，创造了奢侈品电商销售的经典案例。

2. 打造高端产品用户的会员专属体验

购买高端产品的会员需要更具社交属性的维护。"新品发布"和"试用体验"等微信小程序所提供的差异化专属会员服务，使得各品牌的购买转化率大大提升，而直播、赛事、边看边买等视频玩法，结合游戏互动，也极大地增强了用户的参与感。

企业微信与微信互通内测功能，让品牌门店的导购人员可以更好地以官方身份触达微信端的用户。微信小程序的出现，除让高端品牌在通过微信公众号和腾讯社交广告实现曝光之外，还进一步在微信平台上实现营销、购买、服务的闭环，填补了此前腾讯系平台在电商和用户服务上的空白。

微信小程序具有即用即走的用户体验，因此品牌可以将更多用户服务置于微信小程序中。通过广告聚集而来的用户在微信小程序中可以一站式体验品牌为其打造的积分体系、个性化定制、售后服务、门店导购专属服务等功能。

案例： **高端品牌是如何在微信平台上建设矩阵的**

众多时尚品牌尤其是高端品牌在"押注"微信小程序时比当初入驻电商平台时更加快速、果断。纵览目前时尚品牌在微信小程序上的布局，主要分为两大类：一类是基于产品购买的服务，如"新品发布""专属定制""试用体验"等；另一类是基于会员体验和品牌传播的服务，如"活动预约""积分累积""互动小游戏"等。

Dior

在社交礼品卡的尝试上，Dior算是第一家。Dior在2017年七夕前夕推出了"Dior迪奥礼品卡"微信小程序，用户在该小程序上购买口红或者香水的礼品卡（附带设计有独特表白话语的心意卡），并通过微信赠送给收礼方，收礼方可将收到的礼品卡添加到微信"卡包"中，通过兑换卡券就可进入Dior的微信小程序商城购买相应的产品。

Michael Kors

Michael Kors在微信平台上基础设施的布局，以微信公众号+微信小程序、微信广告+微信小程序、微信小程序+微信小程序、线下门店+微信小程序之间的多个场景组合建立连接，打通了在线精品店、线下门店、小程序精品店3个数字渠道。

而其服务类小程序"会员计划"则主要针对品牌会员，承载着品牌大中华区会员的忠诚度计划，通过微信小程序为会员提供会员信息查询、会员升级、品牌礼遇、交易记录查询、售后服务、专业在线时尚顾问等会员专属服务。品牌资讯及活动、电商、会员服务这三大主要模块构成了Michael Kors在微信平台上的矩阵，并为Michael Kors在国内的营销提供了有力的支持。

NIKE

NIKE在探索微信平台辅助品牌完善用户服务体验上则走得更远，NIKE把先进的会员系统移植到微信小程序上，将微信小程序作为一种全新的会员运营渠道来利用，利用微信小程序的独有功能整合会员服务，帮助品牌更好地为用户提供完善的品牌服务体验。

NIKE开发的微信小程序"NIKE耐克"是在全球范围内针对NIKEPlus会员而推出的服务形式，它为NIKEPlus会员提供了优先购买热门产品、"独享尖货"会员独家产品、预约线上线下会员活动，以及和NIKE专家互动获取最新潮流资讯等服务。NIKEPlus会员还可以通过微信小程序中内置的NIKE通行证，在线下商店出示认证会员身份的二维码，随时随地畅享定制体验。此外，NIKEPlus会员在微信小程序上对手机号、微信地址授权后，还可直接使用微信支付、微信电子发票等微信平台内成熟、多样的基础功能，实现一站式购物。

NIKE大中华区数字化营销团队负责人曾透露，NIKEPlus会员微信小程序在吸粉、会员招募上已产生一定的积极效果，两个月累计招募了近100万名NIKEPlus会员，其中1/3是自动成为NIKEPlus会员的。整体销售有80%来自NIKEPlus会员独享的产品。

江南布衣

江南布衣结合会员定制服务推出了为用户提供搭配建议的微信小程序"不止盒子"。用户在成为江南布衣的会员并缴纳199元年费后，就可以和搭配师一起定制属于自己的"不止盒子"，并且能享受每年6次一对一的搭配定制服务。江南布衣将平时闲散在实体店里有足够时间的一线店员利用起来，为用户提供服装搭配建议。用户在看到适合自己的搭配方案之后，可以先试后买。用户在签收"不止盒子"后5天内可寄回自己不需要的服饰。江南布衣将会员体验服务到家发挥得淋漓尽致。

优衣库

看似低调的优衣库小程序，实际上是一个把微信小程序、官方网站和App等线上主要购买渠道相结合搭建而成的一个"掌上旗舰店"。优衣库小程序还在"双11"期间利用口碑产品即看即买、货品齐全、送货方式灵活、会员专享优惠4个亮点吸引用户。

从以上案例中可以看出，各个品牌因为所处的行业不同，用户需求不同，为用户提供服务的具体方向和方案也不同。根据自己产品的特性为用户提供超乎预期的惊喜，才是高端品牌维系品牌附加值和用户黏性的不二法则。

4.4.2 微信渠道管理三原则

微信渠道自身具有特殊性，所以在微信渠道管理上可以遵循如下三原则。

- 冲动购买强，所以善营造消费场景者胜。
- 社交基因强，所以善用社交者胜。
- 用户黏性强，所以善用社群者胜。

1. 冲动购买强，所以善营造消费场景者胜

因为渠道本身在微信内并不独立存在，而都是依托于内容存在的，所以微信的内容直接决定了渠道的转化。在微信开通微信小程序之后，品牌可以很好地实现在文章中嵌入对微信小程序的跳转，也可以通过点击图片跳转到微信小程序。你可以在写完一段具有吸引力的介绍文字后插入图片，用户通过点击图片来购买产品。微信渠道中的购物路径并不是基于搜索完成的，而是由内容本身的推荐和引导完成的，购物路径更短、更冲动，所以微信渠道非常适合消费场景类产品。

生活方式类产品、美妆类产品等都是消费场景类产品，所以这类产品在微信内迅速地开辟了一条新的渠道，迎来了新的销售增长点。通过对环境的打造，可以很好地利用微信内容去营造舒适感，快速实现购买转化。对以前不太考虑营造消费场景的产品来说，如果想利用微信环境中的巨大流量，也需要思考如何营造用户的消费场景来制造需求和引导购买。

2. 社交基因强，所以善用社交者胜

比起阿里系平台、京东这类有着强烈购物明确性的平台，微信因为基于社交而产生，所以比它们更适合做能驱动用户的营销活动创意。基于创意的用户裂变、用户推荐、用户组团等现在微信上活跃的多种用户运营方式都是驱动流量进入的利器。对擅长内容制造和创意营销的团队而言，微信是一个很好的借助大流量平台驱动流量进入的渠道。

3. 用户黏性强，所以善用社群者胜

微信对用户的黏性不仅体现在朋友圈和微信公众号所提供的内容上，还有很大一部分体现在微信社群上。虽然社群这个概念在QQ中已经出现过，并在用户数量巨大的QQ群中呈现出了巨大的传播力，但因为当时移动支付并未普及，所以QQ群仅仅停留在传播层面上。而微信具有移动支付功能，所以众多品牌可以在微信内实现销售。微商就是在此基础上形成的渠道，即通过人与人之间的社交关系，在信任的基础上构建出的一个全新的货物与货币交易渠道。

近年来，微商是一个不可忽视的渠道。很多濒临破产或以前销量很少的企业在转战微商之后表现出巨大的增长能力。在化妆品行业中，在近5年内新晋的化妆品"十亿俱乐部"成员中，有9家都是微商品牌。

4.5 内容电商：得场景者得销量

明星、网红、KOL、微信、抖音、快手……众多内容制造者每天都在中文互联网平台上制造大量内容。对消费场景感强的产品来说，构建消费场景，以内容为王，触动冲动购买或及时营销，的确是一条独立于阿里巴巴、京东等传统电商平台以外的全新道路。对众多偏生活方式类的产品来说，内容型渠道提供了一条弯道超车的增长路径。

微博、微信、抖音、快手、直播、小红书等生产内容的渠道统称为内容型渠道。内容型渠道的分类如下图所示。内容型渠道就是通过构建消费场景让用户下单的渠道。得场景者得销量，正在变成一个不可逆转的趋势。美妆类、服饰类、科技类、家居类产品都是消费场景感非常强的产品，这几个行业也是近几年来在构建消费场景方面走得较快、较早的行业。

内容型渠道的分类

社交平台	短视频平台	直播平台	垂直平台	新闻客户端
微博 微信	抖音 快手	淘宝 京东 抖音 快手 一直播	大众点评 喜马拉雅 小红书	今日头条 腾讯新闻

内容是由人发布的，在对人和内容的管理中，有两类人是品牌在管理内容型渠道时需要特别关注的，也是品牌通常在分配预算时需要对其分配较多预算的：一类是KOL；另一类是网红。这二者存在一定的差异，KOL的全称是关键意见领袖，所以衡量一个KOL是否合格的条件就是其能否生产出好的内容，以影响用户对一个产品的意见。而网红以流量见长，以构建冲动购买的消费场景见长，所以衡量一个网红是否合格的条件是其能否在构建冲动消费场景中卖货。接下来，我们分别对这两类内容型渠道中重要的人进行阐释，分析如何对其进行管理，来实现渠道的优化。

4.5.1 KOL

KOL和明星是产品信息的主要传播者，他们发布、合作的内容直接影响着用户的购买决策。人们的衣、食、住、行、娱对应的不同垂直行业的品牌都大幅度增加了 KOL 的使用率，并且选择了更丰富的内容植入方式。除了食品、美妆等已经与KOL 合作成熟的行业，随着 KOL 对粉丝生活方式影响的延伸，汽车、奢侈品等行业也开始青睐 KOL 推广。

KOL百花齐放，在各自擅长的领域深度影响着其粉丝。广告营销进入多元化繁荣时代，营销门槛被降低，广告形式更加多元。KOL 帮助品牌与用户建立了更短的沟通路径，社会化口碑裂变带来的商业价值远大于传统媒介所带来的商业价值。营销行业的发展趋势之一是品牌在技术驱动下与 KOL 高效协作，为品牌带来 $1+1>N$ 的传播效果。所以，选择合适的KOL将使品牌的传播效果事半功倍。对品牌而言，选择合适的KOL并与之高效合作，成为新的挑战。

KOL往往能得到粉丝的高度重视和信任，他们创建的社区通常是由高度互动、目标明确的粉丝组成的，有一定的进入门槛。

顶级KOL：一般是指粉丝数量达到百万人以上的KOL。

小众KOL：一般是指粉丝数量低于10万人的KOL。

一方面，不同媒体平台的内容形态和互动形式等不同，其擅长的营销策略也有所差异；另一方面，同一媒体平台的不同功能模块和场景适合的营销目标也不同。因此，要通过营销目标和诉求去找到合适的媒体平台。线上消费场景往往散布在内容中，内容会以不同的方式出现在不同的平台中，如有类似小红书这样全是消费场景和内容的第三方平台，有散布在微博、微信上的单个平台，有直播和短视频带货的平台，也有单独的KOL的平台。整体来讲，管理内容型渠道就是管理内容本身，因为它们是通过内容去连接的。

Tips：被忽略的小众KOL

小众KOL一般是指粉丝数量低于10万人的KOL。这里的粉丝数量特指在微信平台上的粉丝数量。小众KOL的定位通常聚焦在某个垂直细分领域，并且小众KOL在其聚集起的粉丝群体中拥有绝对的权威和影响力。小众KOL和自己的粉丝构成了属于自己的内部社区，他们为粉丝提供内容、与粉丝交谈，他们与粉丝的距离更近、互动更频繁。

对品牌来说，除了顶级KOL，小众KOL也是不可忽视的一股力量，而且品牌与小众KOL

合作也有着诸多与顶级KOL合作所不具备的优势。

（1）小众KOL的投入成本更低

相比顶级KOL高昂的单篇推文费用，小众KOL的报价普遍较低，是大部分中小型品牌都能承受的。如果品牌的势能或者产品力足够，那么很多小众KOL甚至能免费与品牌合作。如果合作效果好，品牌就极易和这些小众KOL建立长期、稳定的合作关系。

（2）小众KOL的粉丝群体更精准

一般来说，一个KOL的粉丝越多，其内容的覆盖面就越广。小众KOL一般是在某个细分领域中具有专业性的人，由于足够专业，其受众也更统一。对品牌来说，通过小众KOL的内容属性去选择其目标粉丝群体，也会更加精准。聚焦于同一类型的小众KOL来做集中推广，也更容易引爆品牌在社交平台上的影响力。

（3）小众KOL的推广更能赢得好感

和顶级KOL不同，小众KOL与其粉丝的距离非常近，他们就像网友，共同分享日常、讨论领域内的话题。因此，粉丝不对会小众KOL偶尔的品牌推广产生戒心，甚至会为了帮助小众KOL持续产出更好的内容而支持和鼓励他们做品牌推广。

（4）小众KOL的配合度更高

一方面，小众KOL本身的广告询单量少，他们有更多的时间精心打磨每一个广告内容，让品牌诉求能更好地呈现，同时也让粉丝开心地接受。另一方面，小众KOL的配合度通常较高，品牌在与小众KOL合作的过程中可以很好地和小众KOL反复沟通，共创精品内容。

（5）小众KOL的投资回报率较高

基于小众KOL普遍较低的粉丝基数，他们的CPM（Cost Per Mille，每千人成本）一般偏高。但是由于小众KOL具有较高的粉丝信任度，在推广品牌的过程中，如果能够持续解决粉丝关于广告内容的相关问题，极有可能产生购买转化。由于小众KOL的投入成本普遍较低，一旦产生一定数量的转化，投资回报率就会较高。

当然，虽然小众KOL有诸多优势，但是他们不能替代顶级KOL，品牌在考量自身的投入成本、品牌势能、产品力等因素之后，可以将小众KOL作为一个强有力的补充。

1. 品牌与KOL一起共创消费场景

KOL可以帮助品牌做消费场景共创。KOL的内容产出，应该是一个消费场景和产品的定制工程，是品牌与KOL一起共创消费场景，而不是单纯的品牌去发布广告。

所以，品牌在与KOL合作时，需要管理KOL产出的内容。由于品牌无法根据自身对KOL的了解去创作每个KOL要发布的内容，因此KOL的角色绝不是一个积累了粉丝的内容发布平台，而是可以与品牌、粉丝一起共创消费场景的内容产出者。

类似于"新世相""GQ实验室"这样的顶级KOL，他们有自己的风格和内容表达方式，他们可以根据自己的风格创作并发布内容，以"内容营销"的理念创造新的消费场景，通过内容让用户对品牌感兴趣。

从本质上说，内容营销者创作了让用户感到有兴趣、有吸引力的内容，并把这些内容分享给目标受众，通过这些内容来吸引他们购买，这就是内容营销方法。"GQ实验室"在软文上的内容创作一直是让人期待的，它通过长图、漫画、短视频、文字实现了广告与内容的高度融合，品牌选择这样的顶级KOL，说明品牌认可它的风格及内容，并且信赖它的创作力。"宝马中国"便与"GQ实验室"共创了一个叫作"高能阶级研究所"的专栏放在"宝马中国"的账号上，软性植入潜在车主对宝马的消费场景。

共创可以持续地推动KOL的粉丝和品牌之间建立更密切的联系。

除了顶级KOL，一般的网红也不会直接发布品牌提供的基础内容，而是从个人风格的角度去解读和认知品牌并发布内容。品牌需要建立基础内容，网红再根据自身的风格和品牌的特点去创作新的内容，从而实现品牌与网红的内容共创。

所以，品牌与KOL合作，要知道自己此次与KOL合作的核心诉求是什么，让KOL明白什么样的信息为必要露出信息、什么样的信息是KOL可以自己发布且与品牌共创的信息。简要来说，品牌只需把控内容共创的方向，至于创作，就由KOL来完成。

2. 品牌与KOL共同发布新品

KOL具有极强的带货能力。首先，KOL可以作为连接品牌与用户的纽带，这种层级式消费越明显，KOL 的带货能力就越强。其次，KOL 可以为品牌增加曝光，增强品牌的传播力。最后，KOL 是社交闭环中的领导者，他们的意见不仅能影响用户，更能为品牌提供策略上的指导，还可以帮助品牌做新品的卖点测试，使新品在一定范围内经过测试之后再被推向大众市场。

Tod's和时尚KOL包先生的合作就是品牌和KOL共同发布新品取得良好销售成绩的典型案例。在此次合作中，共有 200 个特别设计的手袋通过二维码扫描的方式在微信上独家售出。包先生直接参与了产品的设计，他与品牌总部的工作室进行了沟通，并对产品的生产有着最终发言权。因此，他可以利用这一点，在自己的粉丝社群中搜集信息，选取在粉丝中获得良好反馈并有较高欢迎度的颜色。大多数人都习惯于购买传统品牌的传统包包，可是粉丝们更希望看到与众不同的设计，因此品牌需要做的是为粉丝提供标新立异的产品。而 Tod's 则利用包先生对箱包买家的影响力，让他作为合作伙伴，甚至作为产品的设计方，使其具有更大的控制权。正是因为手提包用户在很大程度上构成了包先生的在线社群，即目标用户正好处于包先生的社群闭环中，所以此次合作才能取得良好的销售成绩。

3. 跟进持续的互动管理

（1）持续利用KOL创作的内容，发挥长尾效应

很多品牌都想用社交媒体进行推广，并在社交媒体上投入了不少成本。但是，

很多品牌投入的成本仅产出了一篇篇软文，并没有带来购买转化。为何投入相同的成本，有的品牌能取得良好的销售成绩，而有的品牌则没有产生购买转化呢？

很多品牌请KOL发布完内容以后就不再理会，也不会再次使用 KOL 创作的任何内容，而是继续他们新一轮的营销活动，造成了资源浪费的现象。当品牌与 KOL 合作时，如果KOL创作的内容不错，那么品牌应该与 KOL 协商，将他们创作的内容作为自己品牌宣传时的素材，持续使用，发挥长尾效应，增加用户的记忆度。

任何品牌都需要不停地更新自身社交媒体账号中的内容，KOL 创作的内容不但质量高，而且通常受欢迎。如果一个品牌是新品牌，那么该品牌在自己的社交媒体账号中发布顶级KOL创作的内容，必定会为自己加分，包括增加知名度和权威性。

（2）回复评论，与粉丝互动更能博得粉丝的欢心

成功的 KOL 营销需要投入大量的工作。在进行 KOL 营销时，当品牌和 KOL 看到发布的文章有较高阅读量或者互动量时，常常会忽略一个重要的环节——回复评论。

品牌亲和力在评论中得到发展，KOL 管理中最有价值的机会之一就是与 KOL 的粉丝直接沟通。从长远来看，评论中的一大批信息可能会对品牌产生重要影响。评论区是粉丝可以直观地说出自己对这篇文章或者对其中的产品的真实感受和印象，以及提出自己对产品有疑惑的地方。相对来说，品牌或者 KOL 都是粉丝认为值得信任的对象，如果品牌或 KOL 愿意耐心倾听和回复粉丝，营销效果就会事半功倍。

4. 针对内容的SEO

只发布内容是不够的，SEO（Search Engine Optimization，搜索引擎优化）是保证用户到达的必备步骤。

　　随着品牌影响力的提高，用户对品牌的搜索也会随之展开。在社交媒体时代，大家更希望看到真实用户对一个产品的评价和反馈。对于以上讲到的所有与KOL精心共创的内容，如果不通过内容发布让更多的人看到、与更多主动搜索的人接触到，内容的经营就是一个极大的浪费。品牌支付高额的费用邀请知名KOL创作了一篇内容极佳的文章，这篇文章却在短时间内石沉于互联网浩瀚的信息海洋之中，这是莫大的浪费。所以，此时需要针对内容进行SEO，来保证任何一个对你的产品感兴趣的人在网上可以进一步接触到你发布的内容，并进一步了解你的品牌和产品。

　　国内的搜索方式越来越垂直化。年轻群体开始在社交媒体、电商平台上搜索内容，国内的搜索引擎也开始收录社交媒体发文。如果你能够通过SEO大大提升KOL发布的内容排名而得到更多搜索曝光，就能将KOL营销活动的价值最大化。

　　在发布内容后，品牌应该持续对选定的关键字和内容进行百度SEO，持续时间为 3~4 个月。内容播种、关键字优化和链接构建必须持续进行，以保持较高的百度排名。在中国，KOL是一种未被充分利用的SEO策略，它可以给缺乏曝光度的营销信息带来巨大的好处。通过一些额外的计划，品牌可以将 KOL 营销活动的效果最大化，并在未来看到投入产出效果。

　　虽然 KOL 在微博、微信、小红书等几大社交媒体上发布内容，但各大品牌不应忘记在其他可被百度收录的网站和自己的电商平台账号中分享内容，如下图中的网站或平台。

01
淘宝、天猫、京东

02
热门新闻和门户网站：今日头条、腾讯、网易

03
知识类网站或平台：知乎、豆瓣、百度知道、百度文库、百度贴吧、百度百科热门论坛

04
热门的垂直媒体

Tips: **不要忽略建立品牌KOL库**

许多品牌在与KOL合作时都容易忽略一个问题——没有建立品牌KOL库，或者是很简单地每次都继续与上一次的KOL合作，而缺少科学的分析。对品牌来说，建立品牌KOL库是为了更高效地进行资源整合，整合已使用过的KOL资源和即将使用的KOL资源；分析、总结使用的策略和达到的效果，以找到最合理、高效的使用方式；同时便于长期维系和KOL的关系，及时与KOL沟通，获取未来更多的曝光和推介。如果品牌与KOL的关系维护得好，KOL可能在合作结束以后继续向用户推荐该品牌的产品。

KOL的运营工作一定要精细化，而精细化的运营需要品牌对KOL非常了解。这时，品牌就需要一份KOL档案——这类KOL属于什么类型的KOL、有多少粉丝、影响力如何、在哪个方面比较有影响力。并且需要持续去关注KOL的变化及其粉丝是否为真实的粉丝。一些KOL运营工作做得好的品牌，能够在早期发现不错的成长中的KOL，以较低的成本取得合作，并且在对方成为大KOL之后收获推介红利。

品牌需要逐步深化对KOL档案的建立。例如，在生产出新品后，第一时间按照KOL档案中的名单向KOL寄送新产品，这不仅是情感维系，还是让KOL更深层次地感受到和品牌的联结。同时这份档案还要包括和每个KOL合作后的曝光、互动、转化、投入产出比、配合度等相关数据，作为品牌后续与KOL合作策略调整的参考依据。管理KOL是非常考验运营者的细致能力的。在KOL运营后期，需要借助之前建立的品牌KOL库，了解当前KOL的情况，而在这个过程中，品牌需要做到的是细致、细致、再细致。

4.5.2 网红

网红是一个具有中国特色现象的族群。在欧美国家，网红被称作"Blogger"（博主），主要活跃在YouTube、Instagram等平台上，以超强的带货能力著称，因此他们成为欧美国家各大品牌选用的KOL首选，也常常成为各大品牌活动的座上宾，还是各大品牌公关部会重点维系的对象。

网红渠道之所以在中国会成为一个特殊的数字渠道而存在，是因为中国独特的发展现状。在欧美国家，产品端的产业链和供应链已经非常成熟，于是网红更多的是作为社交网络上的导购推荐角色而存在的，而中国作为"世界工厂"，形成了巨大的产量，网红在巨大的产量和互联网之间提供了资源对接的机会，形成了一个特殊的数字渠道。

以网红比较集中的平台——微博为例。微博从2014年开始，在其内部细分了时尚、美妆、旅游等垂直领域，每个垂直领域都重点扶植一批网红。

说到网红的特性，特别要强调的一点是，我们这里所指的网红，是指能在一个封闭渠道中收割粉丝并用产品销售变现的人。

网红最大的特色是其流量不依赖于平台，获取流量的成本低，产品的销量由网红个人的号召力决定。在电商红利日渐微薄的今天，为什么网红的盈利依然节节攀升？那是因为在购买流量成本越来越高的当下，网红用个人IP的方式建立了自有流量池，并且这样的流量常常并不局限于微博、淘宝或抖音等某一个平台，它是可以跟随网红本人在各个平台上迁移的，而这是获取流量成本最低的一种方式。

网红与KOL最大的不同是，目前国内的网红几乎不负责生产内容，而更多的是通过拍照、直播等场景感非常强的方式触动冲动购买。所以，对于网红的管理，只需要从带货能力的考核一个维度出发即可。

不能带来购买转化的网红直播是无效的，因此对营销管理者来说，考核网红使用效果的唯一指标就是其能否带来流量并形成购买转化。由于网红的使用直接对销售结果负责，因此目前在部分企业中，对网红的使用是由销售管理人员直接负责的，对网红的使用和负责品牌传播的工作是分开的。

数字时代的"圈地"运动，去拥抱海量的用户吧！

第5章

/

用户：企业增长的基石

为什么说用户运营是企业增长不可忽视的核心动力？

互联网在中国的迅猛发展，使大家在手机屏幕上用指尖搜集信息、购物变得稀松平常。这种商业环境的变迁，使中国实体企业面临着不可逆转的趋势：线下门店的进店流量减少，但线下渠道的成本依然居高不下且愈发高昂。

特别是用户需要进行真实体验的行业，如商超、汽车、家居等，走进门店的用户越来越少，单店营收不容乐观，让企业一度陷入增长停滞，甚至出现生意危机。于是，这些强体验的行业不得不转身投入互联网环境中，探索互联网提供的获客手段，以解企业获客的燃眉之急。

在移动网民整体渗透率超过90%的今天，没有什么比数字环境能够更真实、大面积、便捷地接触潜在用户。人人皆可被精准触达，人人皆有机会被留下，企业不再需要派出大量地推人员进行用户拦截，只需要站在数字媒介和技术工具后端，像渔夫手握渔网一样，就能便捷地招募潜在用户。数字时代为各类型企业获客提供了崭新的机会，提供了一个公平、高效、性价比高的企业增长竞争赛道。

数字环境带来的另一个重要变化是，多个品牌可以同时出现在用户社交、观看视频、浏览新闻、逛电商平台等任何一个触手可及的场景中，企业面对的获客竞争也在加大。

举个例子，在传统营销时代，营销管理者更像一个宣讲员，他们只需投放广告让用户知道品牌有名、有品质即可，后续的获客由地推人员跟进。而在数字时代，如果营销管理者还只是曝光即走，没有获客意识，所有的营销预算带来的品牌势能只能被白白浪费，甚至被竞争对手拦截抢走。

以Supreme为例，Supreme的产品流行度造就了强大的品牌势能，使Supreme在时尚群体中拥有了超高的知名度和美誉度。但是由于线下渠道跟进不足，线上品牌阵地缺失，没有将大量的品牌谈资落地到能积累用户资产的平台上，导致假冒的Supreme店铺频现，巨大的品牌谈资流量被截流，品牌红利被他人消耗。

每一个已经具有良好品牌知名度、优秀产品力的产品，已建立强大品牌势能的企业，都应将营销重心向用户运营转移。

如果说品牌打造、渠道建设是大家都能看得到的"成绩单"，那么用户运营则是企业的"内功"，其一招一式都决定着真实的企业增长效果。在品牌、渠道、用户数字营销增长三要素中，用户是最能直接反映营销管理者"内功"的环节。所有的企业都应该建立用户资产积累的意识，只有紧紧地将潜在用户抓在手中，才有可能实现"卖得更多"的目标。

用户是企业增长的重要基石，管理用户资产的本质是管理生意规模。

无论是找到更多的潜在用户，还是让已有用户加大购买量，用户运营的本质都是帮助企业实现"卖得更多"的目标。

下面两种思维将助力品牌实现"卖得更多"的目标。

获客思维

　　顾名思义，所有的数字媒介投资都应该以获客为前提，以留下潜在用户、争取竞争对手的用户为核心目标。像渔夫捕鱼一样，每一次数字媒介投资都像出海撒网，不断捕捞潜在用户，为企业增长不断注入新鲜血液。

运营思维

　　运营的本质是提升用户的价值，提升用户的单人贡献。就像渔夫捕鱼后，将鱼养在自家的鱼池里，让鱼不断繁衍，这样一来，即使渔夫突然有一天缺乏时间、金钱出海捕鱼，他鱼池里的鱼也能够支撑他渡过难关。并且通过激励用户的长尾价值，不断增加用户对企业的信任与购买黏性，为企业增长铸造基石。

5.1　获客：拥抱海量的数字用户

　　在粉末化的触媒习惯下，用户藏在哪里？企业如何高效获客呢？企业可以通过投广告和投福利的方式高效获客，如下图所示。

高效获客的方式

5.1.1　从广告曝光到用户增长比你想的更简单

用户在哪里？要搞清楚这个问题，可从以下两个方面入手。

（1）营销管理者需要忘记数字平台的思维，建立数字生态系统的思维

当有人评价阿里巴巴是网络商业帝国时，马云予以否认，他称阿里巴巴是生态系统，不是网络商业帝国。

当今中国互联网行业的局面，已经从BAT（百度、阿里巴巴、腾讯）三足鼎立的局面变成腾讯和阿里巴巴两大生态系统争锋的局面。VC SaaS的数据显示，阿里巴巴投资额最大的8个行业分别是文化娱乐、金融、电商、生活服务、房产家居、汽车交通、企业服务、社交。腾讯投资额最大的5个行业分别是文化娱乐、金融、电商、汽车交通、生活服务。阿里巴巴和腾讯不约而同地选择了文化娱乐、金融、电商这3个领域进行集中投资。

阿里巴巴生态系统内的成员包括淘宝、天猫、阿里小微金融服务集团、蚂蚁金服、网商银行、菜鸟网络等。阿里巴巴以信息流、资金流和物流"铁三角"的布局，形成了一条生态链。

腾讯触及互联网的各行各业，用户拥有一个腾讯账号几乎可以在互联网世界畅行无阻。假如你想进行社交，你可以用腾讯账号登录微信、QQ；假如你想听歌曲，你可以用腾讯账号登录QQ音乐；假如你想看电影，你可以在腾讯视频上观看想看的电影；假如你想购物，你可以用腾讯账号登录京东商城；假如你想点外卖，你可以用腾讯账号登录美团……其中，微信不单单是一个社交工具，它本身还形成了闭环生态系统。除了进行社交之外，你还可以用微信来购物、理财等。而微信小程序的出现，更是为用户提供了极大的便利。

在粉末化的数字环境中，找到潜在用户很难，一个用户在一天之内可能会打开十几个不同的数字平台，难道营销管理者要在这十几个数字平台上都投放内容？这难度很大。但是，如果忘记数字平台的思维，建立数字生态系统的思维，找到潜在用户就简单了不少。

在同一个生态系统内，无论用户跳走多少次，都可以用同一个ID进行连贯监测，在他会出现的每一个触点同时定向投放品牌信息；并且企业在同一个生态系统都应有一个自己的用户数据储存平台，作为引导在这个生态系统内获客、留存用户信息的最重要的阵地。

截至2019年，微信的月活跃用户数已突破10亿，淘宝的月活跃用户数已突破6亿。微信和淘宝，一个手握中国众多的社交人群，一个手握中国众多的购买人群。因此，无论是母婴行业还是酒水行业，无论是奢侈品行业还是快消行业，任何行业都可以在互联网中找到庞大的用户基数。

就像渔夫出海捕鱼一样，渔夫应该从渔产最丰富的海域入手。中国两大互联网生态系统巨头——阿里巴巴、腾讯已形成成熟的用户生态系统。任何一个企业都应该重视在这两个生态系统内的获客。

以戴森为例，戴森利用腾讯生态系统进行精准人群触达，实现了获客的目标。戴森通过定义人群轮廓，进行了微信多组人群标签测试，并根据测试结果，实时调整不同标签人群的投资力度。最终缩小了品牌定义的购买人群与实际投放转化的人群的差距，有效降低了获客成本，并实现了潜在用户的精准触达与培育。

Tips: 中国主流数字生态系统的获客指南

中国主流数字生态系统的获客指南如下图所示。

	微信生态系统	腾讯生态系统（除微信外）	阿里巴巴生态系统	其他生态系统
特点	用户的UnionID、OpenID是微信内的用户识别方式 生态系统封闭，生态系统内的落地页如H5、微信小程序无法在外部环境中打开	包含QQ、腾讯新闻、腾讯视频、QQ音乐等全线腾讯产品 QQ号、设备号是主要的用户识别方式 已逐步开始打通微信OpenID的互通	淘系内包含天猫、淘宝站内所有媒介触点 淘系外包含今日头条、优酷、微博等其他能导流到天猫平台并进行UniDesk监测的站外平台UniDesk是主要的用户识别方式	其他App可自由落地到不同生态系统内的互动活动和页面
用户触媒点	朋友圈硬广 微信文中、文末Banner广告 KOL软文定制	腾讯新闻硬广 腾讯视频硬广	淘系内广告位 今日头条硬广 优酷硬广 其他App、第三方数据管理平台硬广	站内硬广 内容推荐
获客成本排序	KOL软文定制＞微信文中、文末Banner广告＞朋友圈硬广	腾讯新闻信息流是主要的获客渠道 腾讯视频硬广更多的是品牌曝光功能 腾讯生态系统的App获客成本受创意的影响较大	淘系内获客＞淘系外获客 淘系外资源更多的是进行品牌曝光、互动活动来招募潜在用户	电商店铺页 H5活动页
获客落地页	官方微信订阅号、服务号 品牌SCRM平台（用户留资） H5活动页 微信小程序	电商店铺页面 企业CRM平台（用户留资） H5活动页	品牌号关注 店铺活动页（领券、抽奖等） H5活动页	
备注	① 朋友圈硬广是目前获客成本最低的渠道，且起投额低，是初创品牌获客的重要阵地。			
	② 2018年，淘宝上线AIPL（Awareness、Interest、Purchase、Loyalty，认知、兴趣、购买、忠诚）模型，在品牌数据银行可即时监测各层级用户增长、站外流量导流效果、站内用户转化效果，AIPL模型成为品牌在淘系内用户运营非常重要的阵地，也是品牌统一评估淘系生态系统内各流量来源获客效果的重要用户运营工具			

（2）在营销预算有限的情况下，初创品牌应首先关注微信生态系统和阿里巴巴生态系统

微信生态系统——重社交，重分享，兴趣类用户的获客成本低

微信是用户重要的社交平台，因此可以利用用户的社交属性，在微信上投放广告时进行关联触达，形成网状扩散性传播，使获客精准度更高。微信有丰富、开放的技术接口，可以灵活链接或者定制企业服务用户的落地承接页面，如精品店、线

上会员管理系统。另外，微信内还有大量的内容创意工作者，他们能产生丰富的文章，每个KOL订阅号都有一群因为兴趣内容而聚集在一起的用户，品牌的传播展示可以更丰富多样。

阿里巴巴生态系统——重场景，数据分析强，购买类用户的获客成本低

阿里巴巴生态系统最大的优势是拥有海量的真实购买数据和持续不断的营销创新。真实的购买数据可以为各类体量的企业提供数据服务，帮助企业便捷地洞察企业增长及竞争态势；并且能大力拓展营销创意和营销场景，能良好地助力企业快速探索营销时机。在阿里巴巴生态系统内已建立了一套精密的营销机器，建立了从品牌触达到用户购买的完整营销闭环。

另外，在数字生态系统内投放数字硬广时，需要设计用户旅程来一层层尽可能多地留下潜在用户。

在数字时代，用户的记忆时间很短，甚至只有几秒钟。百雀羚曾经因为一幅长图饱受争议，主要是因为长图的设计忽略了海量的免费流量，缺乏用户旅程的设计，最终导致从曝光流量到购买流量的转化浪费。

每一次营销活动都是企业培育潜在用户的重要契机，营销管理者应该制定清晰的活动目标，匹配有针对性的、便捷的用户旅程，持续不断地为企业用户池蓄积潜在用户，持续扩大企业增长的基石。

如果说渔夫找到正确的海域去捕鱼是成功的第一步，品牌内容是捕鱼的诱饵，那么用户旅程更像是获取潜在用户的工具。

在这一点上，戴森的做法值得大家学习。每逢节日、节点，戴森投放的朋友圈广告承接页都是礼赠场景的测试和产品推荐，它将简单、有趣的互动与产品购买场景相结合，层层吸引用户的注意力，"诱导"用户"进网"。

如果说戴森因为强产品力和产品的高颜值，能够激励线上购买、获客转化，那

么另外一个强线下体验的品牌也值得我们学习借鉴。

互联网获客的服务并不仅局限于在线上完成留资、体验、销售的闭环。客单价高、门店重资产、注重服务体验的企业更适合使用低成本的线上获客方式，而将销售促进的环节交由线下门店来完成，如家居、汽车企业。

红星美凯龙给了这类企业一个良好的获客案例。2018年的"双11"，红星美凯龙的成交额同比增长550%，其销量在家居类目中排名第一。红星美凯龙是利用腾讯生态系统进行线上获客导流线下的成功案例。利用腾讯生态系统内的大数据，让广告投放的家居潜在用户画像更完整、投放更精准；利用数字硬广投放线上福利，进行潜在用户招募，并激励用户到店进行体验，最终实现了更精准的线上传播+更便宜的线下获客，有效地增大了线下门店进店流量及促进了购买转化。

很多高客单价的行业甚至只在线上获客，它们在线上搜集用户资料，然后让线下的销售团队进行电话或当面拜访跟进。汽车行业就是这样的行业，它在线上通过试驾获客，再让当地经销商进行跟进。很多需要当面沟通定制方案的全屋家居定制、家具定制等行业，也是运用这类技巧较为娴熟的行业。

获客就像在大海里捕鱼，企业不能广撒网、浅捕捞，而应基于一个生态系统进行深耕。导流生态系统内线上和线下的所有细分场景流量，设计一套针对用户的完整的用户旅程来承载流量，将流量导流到线上留存或线下进店，最大化实现企业的获客目标。

营销管理者在寻找获客平台时，忘记数字平台的思维，以用户获取为核心目的，打造便捷、良好的数字化体验旅程，建立一张高效精准的捕捞网，深耕数字生态系统，可使获客事半功倍。

5.1.2 用户裂变的奥秘：小福利大回报

如果有以下两种福利让用户二选一，大部分用户会选择第二个。

两种福利

1. 你购买产品，我给你积累10个积分。累积够100个积分，你就能兑换一瓶饮料。

2. 我给你一张10%的折扣代金券，你在购买产品时即可核销。

无论是哪类用户，对于福利的需求都是马上能够兑现。而用户裂变的本质就是通过提供唾手可得的福利，激励用户立刻行动。

用户裂变是基于中国社交生态诞生的一种独特的获客手段。企业在并不需要预付费用的情况下，通过制造出售即得的福利，刺激用户的及时购买欲。

裂变与社交的优势良好结合，使"有福利可享"的消息通过社交网络迅速扩散。就像一个鱼群里的一条鱼在知道某一片珊瑚海有大量美味可口的饵料时，它会告诉它的家人、朋友，它的朋友又会告诉其他朋友，如此便形成一个网状的社交裂变，带动几何量级的传播声量，最终吸引鱼群蜂拥而至。企业就像渔夫，只需要投放饵料，就可以等鱼上钩。

滴滴出行使用了丰富的虚拟福利来确保用户的消费频次并激励用户裂变。例如，用户首次注册滴滴出行账号并下载App，就能免费获得新人券包，并可一键分享给好友；好友通过分享链接下载App，即可获得首乘免单机会。这样一来，滴滴出行就实现了用户裂变。将"送免费"作为吸引点，诱使用户主动分享给好友，而好友只需下载App就能获得首乘免单的机会，门槛很低。这样既为滴滴出行增加了用户，又让用户得到了实惠。

在社交电商中异军突起的拼多多也将虚拟福利与社交属性紧密结合，成功实现了用户裂变。拼多多成功利用用户不用支付实际支出就可以"赚到额外福利"的心理动机，结合其平台低客单、低决策门槛、高频需求的产品特性，成功制造了社会群体"薅羊毛"的围观感，并通过社交分享，给予让分享者和新增用户双方都满意的福利，从而成功实现了用户裂变。

用户裂变的核心价值点是品牌紧紧围绕用户想要"赚到额外福利"的心理动机，向用户承诺一个看得到的虚拟福利，再通过成熟的社交关系来实现用户增长。

但值得注意的一点是，不是所有品牌都拥有拼多多那样广泛的消费群，不是所有品牌都能通过分享来制造关注，也不是所有品牌都适合使用分享方法来促进销售，因为品牌的产品、价格带结构不同，品牌需要量体裁衣。

滴滴出行、拼多多这些诞生于数字时代的新兴品牌，都是通过社交实现了用户在极短的时间内迅速裂变的。

用户裂变能够帮助企业迅速找到志同道合的潜在用户，低价、快速地实现用户增长。

5.1.3 理智设定获客目标

不是所有的品类都适合迅速、大量地招募用户，在获客上切忌急功近利地盲目追求用户数量。例如，对客单价在30万元以上的高端手表品牌来说，显然大量招募用户不是一个理智的做法，更合适的做法是利用现有用户人群做社交投射、人群投射，进行精准触达。

在数字时代，企业需要能够快速反应，也要有足够的耐心，特别是在用户招募上。营销管理者要清晰地了解最适合品牌的用户招募规划，以及科学预估用户招募的投入，避免招募到大量"假用户"，造成企业投资的大幅浪费。

Tips：如何识别"假用户"

在这里，"假用户"是指"虚假流量"。拒绝"虚假流量"，利用双向监测为获客效果保驾护航。

"虚假流量"一直是广告行业的"痛点"，特别是在数字媒体变革初期，营销代理公司对"数字"的盲目追逐，导致出现数字营销作弊现象，进而产生了大量"虚假流量"。

"虚假流量"的存在，使得数字营销效果大打折扣。对比传统营销时代的营销管理者的营销效果，数字营销管理者的营销效果显得是"务虚"的，很多企业甚至将数字营销工作定位为锦上添花的工作，将数字营销部门定位为做做EPR就好的部门。

"虚假流量"和"务虚"的营销效果使得数字营销仿佛变成了鸡肋，食之无味，弃之可惜。

现在，越来越多的企业自建用户数字中心，再结合广告投放端口的流量购买监测，双管齐下，形成科学的双向监测，让数字营销找到了新的生命。

1. 广告数据监测

第一：触达层面，包括曝光、阅读等品牌可见度的流量监测；第三方监测服务商帮助企业识别"虚假流量"。

主流的监测服务商：广告类，如AdMaster、秒针等；微信账号类，如新榜、撕纸虎等。

第二：好感层面，包括点击、下载、注册、转发、领券、购买等指标。

主流的监测服务商：广告类，如AdMaster、秒针等；企业自建DMP（Data Management Platform，数据管理平台）。

第三：持续追踪，包括活跃度、购买转化、客单价、复购率等。

主流的监测服务商：企业自营电商平台、企业自建DMP。

有了企业自己的监测平台和第三方监测服务商两个渠道的监测后，进行双向验证，将触达用户信息与点击用户信息匹配，进行来源归类，这样不仅可以避免任意一端的恶意"刷数据"，还可以全链路分析用户的获客转化效果。

双向监测已经成为目前各企业主流的数字营销效果监测方式。有效的流量监测，可以让企业的营销预算不再打水漂。

2. 用户行为数据采集及监测

（1）第三方采集及监测

AdMaster、DoubleClick等第三方监测服务商均可以提供从广告链接到落地页的用户行为数据采集及监测。

收费方式：广告链接按照投放额的百分比收取费用；落地页根据落地页的复杂程度收取费用。

（2）企业自主采集及监测

企业IT部分开发一方用户数据中心（DMP），自主进行用户行为数据采集及监测。

收费方式：企业数据化中的基础建设费用为100万~1000万元不等，根据数据量大小有所波动；后续监测费用为0。

（3）优劣势对比

- 第三方采集及监测更适合暂时没有企业数字化用户中心的企业，单次成本更低，但无法进行用户行为数据积累和持续追踪。
- 企业自主采集及监测在大的消费品、汽车、奢侈品等行业已经比较普及，这些行业的企业基本都拥有企业用户数据库。基础建设投入成本较大，但是后续使用更为便捷，且能持续追踪不同营销活动积累的全部用户信息。

5.2 用户运营：不要抱怨获客成本太高

数字时代的获客成本越来越高，在市场用户总数大致不变的情况下，到处都是一片红海。在"蛋糕就这么大，分蛋糕的人却越来越多"的情况下，如何维护好每一个费力争取来的用户，对企业增长来说至关重要。

传统企业的用户维护是从用户购买产品后才开启的，而在数字时代，从用户关注了企业、点击了企业的广告开始，企业就应该开始维护用户。在数字时代，用户运营的时间被大大提前。在数字时代的市场部中，传统的CRM必须向SCRM（Social Customer Relationship Management，社会化客户关系管理）转化，从用户开始考虑购买的源头就进行用户激励和用户维护，实现最大化的购买转化。

用户运营的三要素如下图所示。

用户运营的三要素

5.2.1 了解用户

1. 忘记传统研究

过去企业必须通过用户调研、焦点小组等方式去了解用户的需求，而且由于种种偏差，结果往往不能令人满意。随着LBS（Location Based Service，基于位置的服务）、移动互联、云计算、云存储等技术的突飞猛进，用户身上及用户周边的人、事、物也开始了一场数字化改革。你的通话列表、你的上网时长、你经常使用什么App、你经常搜索什么关键词、你喜欢观看什么类型的视频、你购买了哪些产品、你微信中的重要社交关系、你住在哪里、你的公司在哪里、你去过哪些地方、你有没有孩子、你一天走了多少步路、你一天睡了几个小时……这些都汇聚成一串串数字，最终到了各种各样的互联网企业后台。互联网企业通过计算、分析，最终总结、勾勒出一个数字化的你：你是谁、你有什么爱好、你有什么习惯、你有什么倾向等。粉末化的用户触媒习惯，听起来似乎有点可怕，但通过所有与用户相关的数字的分析和判断解决了营销管理者的困惑。对比传统研究，在数字环境中的用户研究，可以通过用户信息识别、用户标签化将粉末化的用户行为进行持续的串联，快速复原完整的用户轮廓。

更为重要的是，在数字环境中复原的用户行为，甚至可以做到比用户自己更了解自己。所有品牌信息都能出现在其目标受众看到的地方并方便目标受众做出反应，技术能跟踪用户与品牌互动的记录，且每一次营销活动的记录都可以在监测中进行叠加。对用户而言，数字媒体是一种完美的媒体，使他们能够在看到品牌信息的几秒钟内就迅速做出反馈，感兴趣的就点击，不感兴趣的就关闭，有好感的就去申领试用，产生了喜爱甚至会进行分享或再传播，购买之后可能会分享某个具体品牌的信息或自己对某个品牌的个人体验。品牌可以根据核心沟通信息、用户互动行为，深入了解用户对待品牌形象、对待沟通信息真实的态度。在数字环境中的用户研究，可以通过用户真实的下一步行为，复原一个真实的用户反馈。

与传统研究最大的不同是，在数字环境中的用户全链路追踪，提供了一个更加快速、便捷的研究机会。品牌不需要再派研究人员刨根问底地挖掘用户每一项行为背后"真正的心理驱动力"，用户真实的点击、注册、分享、购买行为就可以告诉品牌答案。品牌还可以将这些信息作为一个用于监控自己的投资并实现投资最大化的情报资源。使用数字传播手段，品牌可以对媒体投放进行灵活调整并在投放后进行调整，能够使用恰当的调研工具和行为统计数据来尽早评价营销活动的有效性。数字媒体提供了丰富的数据和洞察方法，这将赋予品牌极大的能力——品牌将掌握大量的用户相关数据，可以充分地了解用户对自己投放的广告的反应。

Tips：数字环境中的主要研究方法

1. 数字调研

数字调研的主要阵地：官方微信、官方微博、官方网站、会员营销体系、官方电商平台。

数字调研的主要方式：定量研究和定性研究。

- 定量研究：推送问卷、推送短信、推送推文。
- 定性研究：发起招募—填写甄别问卷—进行深度访谈。

2. 用户行为链路研究

- 建立用户追踪的全链路思维，从广告创意到落地页，在每一层级跳转上都增加第三方监测。
- 在多创意的页面每一个跳转按钮上都增加监测代码。
- 投放后汇总各层级用户数据，复盘完整的用户全链路研究。

2. 关注用户的即时反馈

乔布斯曾经说过，用户并不知道自己需要什么，直到我们拿出自己的产品，他们就会发现，这是我要的东西。这句话常常被曲解为不需要关注用户的需求。但在今天，其实大部分企业的商业活动依旧是由用户的消费意愿主导的。企业可以根据自己对用户需求的理解及技术应用的倾向，选择成为推动者、颠覆者、引领者。推动者、颠覆者、引领者是影响用户行为的不同实现路径，乔布斯选择的颠覆者只是其中的一条路径。了解用户需求依旧是所有企业都不能忽视的企业增长核心。

当下，微博、抖音、快手、小红书等数字平台纷纷兴起，这使得所有人都可以在网络世界里自由发声。在行业分析方面，企业可以通过监测全网品类舆情声量，实现本品和竞品的竞争态势对比；与此同时，还可以通过结合产品销量、产品价格带、产品卖点的信息进行综合对比分析，清晰定位自己的产品与行业产品的共性与个性。在竞品方面，企业可以了解用户的理性需求或感性需求、自己的产品对比竞品的优劣势所在，甚至通过消费趋势洞察来快速调整产品，以满足用户的需求。

用户产生的舆情，也能通过语义分析得出用户在论坛、口碑、微博上的评论对象和情感倾向，可了解用户所青睐或希望改进的地方。企业更倾向于调查分析用户的已有（而未被满足）的需求，还是感知和引领用户的潜在需求？企业更倾向于沿着现有技术的轨迹不断更新升级，还是期望用技术的创新来重新定义产品和服务的逻辑？在这样一个快速转型的时代，以上问题都可以通过持续聆听用户舆情得出答案。

另外一个很重要的舆情聆听渠道是电商。电商已经几乎渗透到了中国市场的每个角落，成为用户购买产品的主流渠道。在传统线下购买中，用户的购物路径基本上是线性的，一般包括"发现、思考、评价、购买、使用"这5个步骤，开始于对产品和服务的关注、了解，结束于购买行为和忠诚度的建立。在电商平台中，用户的购物路径也包括这5个步骤，但它与传统线下购买唯一不同的是，用户产生的评价体系可以被迅速储存，任何人都可以浏览。

用户的购买行为更加动态化、便捷化、持续化。换句话说，现在的用户时时刻刻都处在购物过程中，而且更加自由、更加开放。用户可以轻易改变自己的购物路径，而且用户面对的产品数量急剧增加，用户能充分地比较各个品牌的产品的优劣势，随时随地购买。在数字时代的购买路径中，"评价"是用户对一个产品、一个品牌感受最核心的体现。并且很多用户的购买都起始于参考互联网上的评价，结束于在互联网上发出自己的评价。

企业要学会聆听用户舆情，洞察用户的核心需求。让聆听用户舆情成为了解用户的重要端口，将用户体验做到极致，美好的事情就会发生。

Tips：用户舆情聆听方法指引

步骤1：确定企业的用户舆情聆听阵地

企业可以在官方微博评论区、微信推文后台、京东/天猫评论区、贴吧、小红书等平台上找到两三个品牌核心用户产生舆情分享的最主要的阵地。

步骤2： 建立用户舆情聆听周报、月报

无论是社交平台的管理者，还是电商平台的运营人员，各用户接触点的管理者都需要培养定期回顾用户舆情、摘取用户舆情关键词、提炼用户洞察的能力，并将用户舆情进行定期分享。

步骤3： 执行大型用户舆情聆听项目

大部分数据研究服务商都可提供全网用户舆情聆听监测的服务，通过文字识别及抓取技术，批量抓取在一定时间内品牌或者指定竞品的舆情信息，进行定性分析。费用根据舆情监测时间、数据量所有差异，从几万元到几十万元不等。

5.2.2 找到高传播力用户

2016年，有位用户给海尔提意见，问海尔能否推出一款迷你冰箱叫"冷宫"，这样他就可以对剩饭剩菜说"给我打入冷宫"，结果"冷宫"冰箱就真的做出来了。海尔面对用户需求做出快速响应，与用户无缝交互，可谓源自对用户深深的爱。可以说，将这款产品从设计稿3D化为实物的，是海尔冰箱和用户。"冷宫"冰箱从用户需求的提出，到海尔官方微博在24小时之内紧急汇总、分析大数据，再到将数据提报冰箱产品研发部门，最终到产品问世，只用了7天时间。

2018年，海尔的用户共创又火了一次：通过用户互动交流做出了洗鞋机。洗鞋机采用抽屉式设计，可以和洗衣机、干衣机上下组合安装，使用便捷，节省空间。用户想洗鞋的时候只要拉开抽屉把鞋子放进去清洗即可，洗鞋机洗得干净又不伤鞋，成功解决了日常手工刷鞋的"痛点"。

其实，早在2017年，海尔的官方微博就开始为"刷鞋星人"征集用户意见了。在为"刷鞋星人"征集用户意见的微博下面，用户群策群力，纷纷留言献策。这其中既有天马行空的"无限畅想派"，又有脚踏实地的"创意实用派"。接着，用户对洗鞋机的执念没有停歇，不断有用户给海尔君和海尔兄弟留言，表示希望海尔尽

快研发出洗鞋机，洗鞋机的用户需求空前高涨。于是，在海尔工程师夜以继日的研究攻克下，全球首款家用洗鞋机诞生了。从用户交互，到产品研发，再到用户交易，对这条路，海尔的官方微博可谓轻车熟路。现在，用户对海尔君提出的需求花样百出，用户翘首以盼的玄霄冰箱、剑网3系列家电设计概念图，都是在海尔与用户的不断交互中得以与用户见面的。一连串的用户众创邀约让一个"传统老旧"的专注家电行业的品牌焕发了新的魅力，并且赢得了年轻一代的用户，完美解决了其用户断层的苦恼。

在内容纷杂、用户精力有限的数据环境中，来自品牌一言堂的影响力是有限的。因此，企业需要积极参与到与用户的交互中，鼓励用户生成内容，在用户管理上要向网红、KOL等学习并与他们合作，找到有激情、有热情、有创意、愿意参与品牌建设的优质用户。

另外，随着经济的高速发展、数字技术的普及、城镇化的深入和社会价值观的演变，中国用户变得越来越难以清晰洞察，用户通过购物来彰显自我、追求个性、维护自我的社会地位的趋势也越来越显著。同时，用户注重品牌，具备品牌意识；用户具有尝新精神，愿意进行品牌转换。各类产品品牌层出不穷，这给了用户更大的选择空间，用户在购物时，通常会在各个品牌间进行货比三家。

而在数字化时代，互联网和社交媒体起到了明显的弱化广告效应的作用，如今的用户能快速地获取各类产品信息和用户评价，因此用户很容易"变心"。这使得那些只想靠品牌和声誉来吸引新用户、只想靠品牌忠诚度来获得溢价的企业遭遇到了品牌的困境。这无疑给了很多传统行业营销管理者非常大的产品创新的压力。

但用户对于创新的需求，恰恰给了企业新的机遇，企业可以通过主动创意与用户众创，给用户提供全新的产品、服务和体验，从而将用户从竞争对手中抢过来。

激励用户的方式有以下两种。

（1）激励用户主动发言

社交平台运营者应该忘记机械化的内容推送思维，建立用户运营思维。无论你拥有10万名粉丝还是100万名粉丝，最终目的都是通过用户产生价值。而激励用户为品牌产生有价值的观点，则是社交平台运营者一个很重要的能力。所有推送给用户的内容都应该有清晰的目的或谈资，不仅要让用户愿意看，还要激励用户传播他所看到的内容。

（2）进行产品创新概念测试

所有企业对产品创新的疑问，都可以询问用户，进行产品创新概念测试。互联网是成本最低、调整速度最快的平台。

用户资产的一大功能是助力企业找到生意增长空间，数字时代的商业成功属于那些具有深刻的用户洞察能力和与用户建立连接的企业。

5.2.3　激励用户购买及复购

营销管理者需要建立运营思维，才能赋能企业用户运营创造更大的价值。如果说单次获客成本更低是营销管理者在用户旅程设计上的成功，那么持续的长尾用户运营，激励用户购买及复购则是降低获客成本的最好机会。

1. 用户运营模型

用户运营的本质是企业通过给用户恰当的时间、恰当的激励，让用户每周都能有想得起自己的驱动力，紧紧地将用户黏在自己的用户体系内。

目前，在中国有两个主流的用户运营模型：RFM模型和AARRR模型。

（1）RFM模型（管理销售频次）

R：Recency，即用户最近一次交易到现在的时间间隔。

F：Frequency，即用户在最近一段时间内交易的次数。

M：Monetary，即用户在最近一段时间内交易的金额。

（2）AARRR模型（管理用户价值）

A：Acquisition，即获取用户。

A：Activation，即提高活跃度。

R：Retention，即留存用户。

R：Revenue，即获取收入。

R：Refer，即传播分享。

无论是RFM模型，还是AARRR模型，都是管理用户创造价值的模型。相对而言，RFM模型管理的是知晓—兴趣—购买—忠诚4个阶段中的后两个阶段；而AARRR模型管理的是知晓—兴趣—购买—忠诚4个阶段中的后3个阶段。大部分企业更适合采用AARRR模型，来考核用户运营的效果。

说到用户运营的案例，不得不提神州专车。无论是在获取用户、提高活跃度上，还是在获取收入上，神州专车都无疑带给行业一个很好的用户运营案例。

神州专车利用激励充值的运营手段，激励用户"预支出"，提前占领了用户的钱包。在通过派发免乘券、代金券成功获取用户后，神州专车又推出了提升新用户客单价的活动：满100送50，成功实现了用户的留存。无论是传统行业，还是互联网行业，都可以学习神州专车的做法。

让用户购买及复购才是根本目的，因为只有让用户购买及复购，企业才能获得增长。

2. 用户资产留存平台

投放广告是为了获客，获客需要通过一个获客平台来进行，我们建议将微信和阿里巴巴作为主要的获客平台。微信的用户资产留存到微信旗下的各服务平台中，阿里巴巴的用户资产留存到阿里数据银行中。

（1）微信订阅号：内容输出工具，大部分KOL使用的平台

优势：每天一次官方推送，适合品牌内容沟通频繁的行业。

劣势：被折叠在订阅号栏目下，入口深，用户打开率低；技术接口少。

（2）微信服务号：用户变现及运营的主要工具

优势：入口浅，用户打开率高；可开发的功能多，技术接口丰富。

劣势：一个月只能推送4次，触达用户的途径多，但数量受限。

（3）微信/QQ社群：提供用户交流、用户维护的多对多工具

优势：即时性高；它是获取用户反馈的直接渠道，不受时间限制，直接、高效。

劣势：维护成本高、耗费人力。

（4）微信个人号：提供用户维护的一对一工具

优势：一对一、更精准、对用户的了解更深入。

劣势：不可规模化、受好友人数限制、耗费人力、维护时间成本过高。

（5）微信小程序：微信公众号流量变现的工具

优势：开发成本低；用户体验更流畅。

劣势：没有主动推送，需要微信公众号或广告导流；更适合做活动/促销落地页，不能直接分享到朋友圈中。

（6）阿里数据银行：购买人群的二次营销工具

优势：拥有从广告曝光到购买全链路转化数据。

劣势：数据不能导出，只能在阿里巴巴生态系统内使用。

3. 用户运营工具

由于微信开放的技术生态接口，产生了一大批互联网产品经理出身的技术团队，为微信内的用户运营提供了丰富的工具，如一键生成裂变海报、打卡积分激励、阅读推文后48小时自动信息推送、服务消息通知。

如果说用户像鱼缸里的鱼，那么这些工具则像鱼缸里的水草、砂石、氧气机等与鱼沟通和互动的玩具。用户运营工具能够帮助企业便捷地满足用户的花式需求。

预算充足的大型企业，可以通过企业内的技术团队进行用户运营工具开发，如银行、大型快消品企业。

预算不充足的初创企业，可以选择第三方技术团队开发的通用的用户运营工具，也能满足基础的用户运营需求。

用户运营工具主要包含以下几类，如下图所示。大型企业和初创企业均可量体裁衣，各取所需，本书不再赘述。

　　在用户运营中蕴藏了海量的生意机会，一个优秀的营销管理者只有拥有用户运营的能力，才能为企业带来更多真实的用户，助力企业持续、健康成长。通过用户运营，提升驱动企业增长的"内功"，再结合企业在品牌和渠道上的优化，为企业的增长奠定坚固的基石。

在这里，学会如何花对钱、花好钱。

第6章

/

数字媒介投资指南

自广告诞生以来，关于如何花钱及花出去的钱如何被衡量的问题就一直伴随着市场营销人员。随着媒介从传统的电视广告、报纸广告、户外广告等发展为如今的数字媒介广告，关于媒介的选择早已不再是单一的选点位、定排期了，在拥有众多微信公众号和App的数字时代，媒介环境可以用粉末化来形容，面对粉末化的媒介环境，企业在媒介评估和选用上面临的困惑也愈发增加。

另外，企业对于市场营销人员在媒介花费上的考核也顺势改变。以前，企业对媒介的使用更多的是单向投放，企业在媒介上的花费无法实时、精准地评估并获得反馈。而现在在数字时代，媒介投资花出去的每一分钱所产生的效果都可以被"曝光""点击""互动""转化率""转化销量"等切实的指标衡量，这对企业而言，更容易以目标为导向来制定自己的媒介投资策略。

本章将会为大家解答，数字媒介投资要去哪些阵地、预算要怎么分配、投放效果要怎么衡量。这也是所有数字营销人员都会面临的问题。

6.1 媒介投资的四大困惑

媒介投资面临着四大困惑：失控的媒介环境、如何选择数字媒介阵地、如何确定数字媒介投资预算、是否要持续投入数字媒介预算。

6.1.1 失控的媒介环境

目前，随着互联网生态环境的逐渐稳定，占据稀缺地段和核心人群的传统媒体生态系统、互联网媒体生态系统和生活场景媒体生态系统成为主流的3种媒介投资阵地，如下图所示。

随着十多亿网民的互联网行为转移到移动端，如今互联网广告的主要阵地也已移动化，用户的行为在一个小小的智能手机上完成。用户行为移动化之后，企业失去了获取用户注意力的主动权，甚至失去了寻找用户的瞄准镜。从前在媒介广告上都是单一的大媒体、大渠道、大投资，只需要大量投放广告就能带来可观的销售，现在，十多亿的用户基于各种各样的细分需求，以社群的方式散布在众多App上，因此企业继续按照以往的媒介策略寻找用户无异于大海捞针，虽然很多企业及时布局在数字媒介上的投入，但是由于缺乏科学的投资策略，还没有看到效果，预算就已经耗尽了。

而对很多人来说，更重要的一点是，他们对于目前数字媒介的全貌没有清晰的认知，大到BAT生态系统内的各种产品资源及合作形式，小到某个自媒体账号的评估筛选，都不知道怎么选，这已成为目前企业对数字媒介最大的困惑，更遑论选择之后如何投放、投多少、如何评估效果的问题了。

事实上，数字媒介并没有大家想象的那么难以琢磨。虽然媒介环境纷繁浩瀚，但数字媒介的中心是人、是用户。由于互联网是由用户痕迹和追踪组成的特殊数字环境，因此数字媒介投放的核心是锁定用户。

用户散落在互联网环境中的各个角落，他们根据行为在各个平台之间移动，获取资讯、娱乐、购物、社交是用户最常见的四大互联网媒介使用行为。我们围绕用户的主要行为轨迹，基于平台属性和广告形式大致将现如今的数字媒介划分为五大阵地：数字硬广、社会化营销、搜索营销、IP、电商平台内广告，具体的划分方式和阵地介绍将在下一节中详细阐述。

大家需要记住，数字媒介投资就是一切以用户为中心的流量串联，不仅要投到有效流量，还要将其串联起来，使之服务于企业的营销和商业目的，所有对阵地、形式、资源的评价标准都来源于这个唯一的考量标准。

6.1.2　如何选择数字媒介阵地

粉末化的触媒环境带来的另一个困惑在于，即使了解了数字媒介五大阵地的全貌，也不知道如何选择；不知道预算花在哪里更有效果；面临粉末化的数字媒介环境，在有限的预算范围内，不知道应该优先选择哪个数字媒介阵地。

要解决如何选择数字媒介阵地的问题，我们只需要牢记两个原则：聚焦和定优先级。

1. 聚焦

对预算有限的中小型企业来说，如何精细地花好手里的每一分钱是首要考虑的事情。在这种情况下，在五大数字媒介阵地广撒网是不可取的，而是应该足够聚焦，在平台的选择上，尽量把所有预算集中在一个平台上，在平台内部，也尽量把预算投在最重要的资源上，力图做到聚焦一个平台、打爆一个圈层。

互联网是以用户为聚集的，在一个核心用户聚集的圈层里，不断强化数字媒介投资、增加数字媒介曝光的频次，有利于在核心用户圈层里提高品牌的曝光率，制造圈层热议感。

关于聚焦单一数字媒介的投放方式，有很多品牌都提供了很好的参考案例，如基本只投放微信公众号的护肤品品牌HomeFacial Pro，以及只在阿里巴巴和京东两个平台不断地进行广告投放测试来获客并一步步圈定自己的目标用户群的戴森，在一个数字媒介上聚焦的本质是通过足够的频次覆盖来强化目标用户群的认知度和记忆度。

2. 定优先级

当预算受限时，需要更精准地选择更匹配的数字媒介，以保证投资效果最大化。但如果预算充足，也不意味着数字媒介投资就是在各种平台上都投资，相反，更需要利用好预算充足的优势，抬高与竞争对手竞争的门槛，撬动更大效果。

对大多数品牌来说，在数字媒介广告上的布局不会仅限于单一媒体、单一渠道。在多个媒体资源组合的情况下，为保证投放效果，在考量品牌投放需求的情况下，需要对所选媒体进行优先级的划分及组合搭配。

例如，如果品牌要做新品上市告知，那么在预算充足的情况下可以优先选择强曝光产品集中投放，如多个App的开屏联投或者朋友圈广告，再辅以KOL与用户沟通，最后引流至电商平台完成转化；如果是要制造品牌流行度和热议度，那么可以选用一个圈层的KOL来集中密集投放；如果是要做纯效果性引流，那么可以选择小红书之类的内容电商平台直接和用户沟通，以完成营销到引导购买的流程。

6.1.3 如何确定数字媒介投资预算

对营销人员来说，数字媒介广告经历了从计算机端到移动端的迅速转换，强势的广告平台也经历了从传统四大新闻门户网站到微信、微博、今日头条、腾讯新闻等一系列强势App的过渡。传统广告如户外广告，其数量和价格都是有起投门槛的，但数字媒介广告的门槛低，且预算丰俭由人。有些预算低至几百元的小型企业也可以在朋友圈中投放广告，这给了大量中小型企业宣传的机会。不过，预算丰俭由人的数字媒介也让大家面临一个问题——分布渠道、售卖形式和价格系统都更加复杂，且在线上流量日益昂贵的今天，企业越来越难评估投入预算的量级，到底投多少合适，至今没有一个标准答案。以现在国内较大的资讯平台今日头条为例，一些效果类的产品每天仅在今日头条上的预算就达到两三百万元，而这种投放方式明显不适用于大部分企业。

数字媒介的魅力在于：第一，投资的准入门槛低，预算丰俭由人；第二，投资的每一分钱都可以被量化且被统计。

（1）数字媒介投资的准入门槛低，预算丰俭由人

数字媒介发展至今，已经在品牌的全部预算中形成了相对稳定的占比。2017年的《中国广告主媒介行为调研报告》显示，广告主平均在数字媒介上的预算占其全部预算的15%~20%。如果企业产品的用户人群是较为年轻的消费人群，那么其数字媒介预算会占其全部预算的30%以上。同时我们也注意到，中小型企业更青睐数字媒介。很多中小型企业会将其80%的预算其至全部预算放到数字媒介上。而很多由线上创业起家的企业或是处于初创期的中小型企业，也常常会将其所有的预算都用在数字媒介上。数字媒介投资预算丰俭由人，多有多的投法，少有少的投法，可以玩的花样很多，可以供中小型企业选择。

AdMaster联合Top Marketing发布的《2018年数字营销趋势报告》显示，广告主2018年的数字营销预算与2017年相比的变化如下图所示。

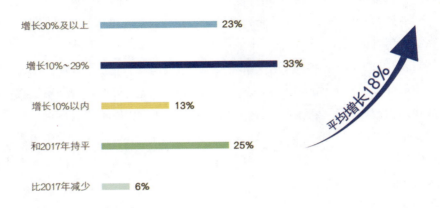

广告主2018年的数字营销预算与2017年相比的变化

- 增长30%及以上 23%
- 增长10%~29% 33%
- 增长10%以内 13%
- 和2017年持平 25%
- 比2017年减少 6%

平均增长18%

（2）数字媒介投资的每一分钱都可以被量化且被统计

数字媒介投资的每一分钱都可以落实到用户这个指标上来进行考核，这是传统媒体只做曝光和覆盖所不能企及的。目前，国内各个主流广告平台都会提供给广告主本次广告效果的详细数据和追踪报告，对企业来说，在通过数字媒介广告把产品和用户连接起来之后，还可以继续追踪用户之后的行为，通过用户对企业所投放广告的反馈行为推断用户的心理并以此作为下一波广告投放的依据。例如，可以通过用户的互动来判断其对广告或产品感兴趣的程度并实时优化投放素材及承接产品，也可以通过最直接的到店率甚至销售额来判断单次投放的效果。阿里数据银行的建立，打通了中国大部分数字平台的流量接口，并且给企业提供了分析工具，方便企业去量化和统计除曝光和点击这一类媒介数据以外的用户获取和沉淀数据。

因此，对新一代市场营销人员来说，企业在数字媒介上投资的每一分钱都可以实时、持续地得到验证和反馈。

6.1.4 是否要持续投入数字媒介预算

数字媒介发展到今天，其灵活的投放方式、丰俭由人的预算分配、优势明显的获客能力都已经被证实。但在很多行业都在缩减媒介预算的今天，对数字媒介投资的质疑也让企业困惑——是否要持续投入数字媒介预算？

企业对数字媒介投资的困惑大体分为以下两类。

（1）电商红利已过，是否还存在流量获取的机会

随着宏观层面的移动设备接入量陷入增长停滞，依赖于人口红利成长起来的电商也陷入发展瓶颈，阿里巴巴、京东纷纷通过持续大手笔的并购向线下实体零售领域进军，以寻找增量用户。

的确，在宏观层面上，人口红利已失。但是在微观层面上依然有人口红利的存续。商业畅销书《迭代》的作者沈帅波在《藏在县城的万亿生意》中指出，向下看，你会发现身边习以为常的事情总会有一亿人不知道，而这一亿人就是企业要去捕获的流量。以此为指导，拼多多成功获取了几亿个月活跃用户，而被戏称为资讯届的"拼多多"、下沉市场的"今日头条"的趣头条，更是专注于三线城市以下的用户，创造了用户增长的神话。

一方面，在大环境下，人口红利依然存在；另一方面，依赖人口红利发展起来的电商并没有过时。阿里巴巴的月活跃用户数达到5.52亿，京东的月活跃用户数达到3.02亿（截至2018年3月），把这些数据换算成人口规模，就是一个巨大的市场。电商平台上的用户都是数字化的个体，每个信息都是可追溯的，每个行为都是可追踪的，对企业而言它无疑是巨大的数据宝库。对企业来说，不应去担忧电商平台如何增量，而应思考如何在既有的阿里巴巴、京东、腾讯生态系统内，更科学、更精细地开展独立的营销工作。

（2）线上获客成本越来越高，是否要取消数字媒介投资预算

BAT等传统巨头互联网平台的获客成本居高不下，但是很多企业忽略了一点，那就是企业要追逐的不是大渠道，而是自己的用户，也就是有效流量。流量是流动

的，虽然对互联网平台来说流量增长在停滞，但是对企业来说，这些流量依然存在，只是有很多流量从阿里巴巴、京东、腾讯等平台流到了快手、小红书、抖音等平台上。例如，有人在快手直播累计卖货1.6亿元，小红书和抖音更是为众多重线下体验的品牌带来了巨大的到店客流量。企业需要将这些新兴平台当作独立的全新的市场，并基于各平台的独特属性，配备专业的运营团队，从零开始，把生意再做一次，因此数字媒介投资预算不仅不应该取消，还应该科学、持续地增大投入。

有的企业在现有市场工作中认为数字媒介投资是无效的，究其原因，可能是自己没有找到正确的投资方式。

6.2 数字媒介五大阵地

虽然中国的数字环境很复杂，而且更新和迭代的速度很快，但与营销和媒介相关的数字媒介可分为五大阵地：数字硬广、社会化营销、搜索营销、IP营销和电商平台广告，如下图所示。

数字媒介五大阵地			
数字硬广	分布平台		
	购买方式	DMP	DSP
社会化营销	微博	微信	抖音、快手等短视频平台
搜索营销	SEM	SEO	
IP营销			
电商平台广告	站内购买	站外购买	

6.2.1 数字硬广

本书对数字硬广的定义范围主要是纯曝光类数字广告，包括独立平台广告、程序化购买广告和自建DMP广告。

1. 独立平台广告

在中国的互联网环境中，一般大的网络平台都有独立的广告销售部门。以腾讯和今日头条为例，企业可以通过排期购买的方式在这些平台上购买自己需要的曝光。目前，比较常见的优质流量购买平台有以下几个。

（1）微信广告

朋友圈信息流广告

朋友圈信息流广告以图片、视频的方式出现在朋友圈中。

优势：朋友圈信息流广告的优势有以下3项。

- 强制曝光效果好：朋友圈中的流量较优质，"假用户"少，且曝光品相较好，适合品牌类客户。
- 可选择精准人群：可按照腾讯社交行为选择不同的人群，并且在广告投放中数据会倾向于关联平时社交行为较多的人群，适合针对一个圈层群体的精准曝光。
- 预算丰俭由人：可以选择做全国性的曝光，也可以选择做基于门店 LBS 的区域市场曝光，其 5000 元的起投门槛大部分企业都可达到。

劣势：曝光时间较短，即使是一个预算在千万元量级的全国性投放，其曝光时间也集中在一两天，适合配合品牌做某一个时间节点的事件曝光或者促销。

微信公众号广告

微信公众号广告以图片、视频的形式出现在微信公众号内容的下方。

优势：微信公众号广告的优势有以下两项。

- 可以选择和自己匹配的账号进行投放，如餐饮类品牌可以投放美食类账号，3C 类产品可以投放科技类账号，以确保人群的高度精准。

- 相比朋友圈信息流广告的曝光周期更长，可做以周为单位的长期曝光。

劣势：属于单向曝光，无法像朋友圈信息流广告一样形成集中的围观效应，且展示入口更深、展示效果更弱。

（2）腾讯Q系广告

腾讯Q系广告出现在腾讯全线产品矩阵中。

优势：流量大，适合年轻人群。

劣势：广告呈现效果不如微信广告，不适合做品牌宣传，更适合效果类客户。

（3）今日头条、腾讯新闻等平台内广告

信息流/视频流广告

信息流/视频流广告以信息流或视频大图的方式出现在今日头条App中。

优势：今日头条App的装机量大、活跃用户数量多，适合做大面积曝光，也适合做直接购物转换的平台。

劣势：基于AI（Artificial Intelligence，人工智能）搜索技术推送的今日头条，其广告是部分人群可见、部分人群不可见，这一点与传统的户外广告和纸质广告有巨大的差异，在投放互联网广告时或许会出现广告主投放后自己无法看到的局面。

各App开屏类广告

各App开屏类广告以全幅画面的方式出现在各App中。

优势：曝光效果好，全屏展示画面，品相较好。

劣势：时间较短，购买门槛较低，适合批量购买配合事件营销，不适合中小型客户。

（4）视频平台广告

贴片广告

贴片广告以前贴、中贴、后贴等形式出现在网络视频中，其形式类似于传统电视广告。

优势：贴片广告的优势有以下两项。

- 当贴片广告与优质的内容一起出现时，播出的品相较好，曝光效果也有保障。
- 可以定点选择热播大剧，以保证人群匹配与曝光，如以都市中产人群为对象的产品可以选择英剧、美剧的前贴来做产品曝光，以女性人群为对象的产品可以选择清宫剧来做产品曝光。

劣势：购买门槛较高，不适合中小型客户。

原生广告

近年来流行的原生广告与视频网站中大量原创内容的崛起有关，有些品牌甚至可以自己制作电视剧，或是定制视频内容。

例如，2016年某热播剧为良品铺子定制的植入广告引起了网友们的热烈讨论。这个30秒的广告从片头到剧情设计都是为良品铺子量身定制的，其中的道具也选择了良品铺子的经典产品"良品食尚"旅行箱，里面放置了良品铺子的爆款单品。后贴片广告带出良品铺子的企业形象，让人印象深刻。现在业界已经给这种广告取了一个新名字——"原创贴"，即根植于剧情中的原创贴片广告。

优势：为品牌量身定制，与品牌的结合性强，具有新鲜感，制作方将其控制在一定程度内，又不至于引起用户的观感不适。

劣势：靠内容带来大曝光的可能性不大。

2. 程序化购买广告

（1）程序化购买广告的购买方式

DSP

DSP（Demand Side Platform）即广告需求方平台，它是为广告主提供跨竞价市场、跨平台、跨终端的程序化广告投放平台，通过数据整合、挖掘分析和实时竞价购买实现基于受众的精准投放。每一个广告位背后都是一部分受众。常见的移动广告的形式包括图片类广告（Banner、插屏、全屏）、富媒体广告（缩小、擦除、摇一摇等）、视频广告（角标、贴片）、原生广告（信息流、激励类等）、积分墙广告等。

DMP

DMP（Data Management Platform）即数据管理平台。简单来讲，DMP中有受众数据，并且能够让DSP接驳过来，从而利用DSP中所有的数据。DMP的一个重要特征是能实现跨域追踪，如它能够追踪同一个用户在优酷、微博及今日头条上的行为，这样一个用户在互联网上的兴趣就能够全面被了解和标记了。DMP是复杂的互联网营销信息系统，用户的识别和管理是打通整个营销体系的核心。

（2）程序化购买广告的优劣

优势

- 可以批量购买海量长尾资源，截取长尾流量。
- 适合效果类客户。

- 可精准定向，以按照不同的维度细分和组合，经过多重叠加之后在精准性上就有更大的保证。

劣势

- 对效果评估的要求较高，需要对整体流量中的优质流量与劣质流量进行区分。
- 平台的优与劣，直接决定着该平台能否脱颖而出拿到优质的广告展示。

3. 自建DMP广告

自建DMP适合拥有巨大流量池的企业，如电商网站（如淘宝App、天猫App、京东App等）、出行类工具（如滴滴出行App、神州专车App、摩拜单车App等）、有庞大线下终端的企业（如麦当劳、肯德基等）。

在企业内部拥有数据平台的基础上，可以将自有数据平台建成DMP，在DMP中进行数据分析和广告投放。

6.2.2　社会化营销

社交行为是用户在互联网上最常见的行为。伴随着用户对社交行为的狂热，以微博、微信、抖音、快手为代表平台所进行的社会化营销是数字营销中最为用户熟知的方式。近年来，社会化营销积累了很多案例。

1. 微博

微博经历了从舆论型大V到娱乐型大V盛行的转变之后，已成为中国公众事件发酵的平台，也成为各大公关公司与明星经纪团队制造商业事件的竞技场。微博相对公开的传播环境，孕育了一大批时尚、娱乐、财经等垂直领域的博主，有比较强的围观效应。微博的互动体验良好，方便用户实时参与，适合制造事件营销。

对于微博的使用可以有以下几种方式。

- 可以大量投放某一类账号，在短时间内发酵，制造话题性事件。

- 由于微博与阿里巴巴的流量互通，一大批时尚类博主将流量导入其自有淘宝店铺变现。因此，自主创业的淘品牌等可在微博上生产内容并将流量导向电商平台。
- 微博具有实时互动性，因此非常适合开展线上活动，它可以在短时间内聚集大量流量。

但是，微博也存在一些劣势：一方面，微博的用户多为年轻人，且娱乐性事件偏多；另一方面，人为规划的商业性事件炒作容易受到不可控因素的影响，如重大社会事件等，企业为某一事件准备了一两个月却遭遇不可控因素而导致大笔预算打水漂的情况时有发生。

2. 微信

CNNIC于2017年发布的《中国互联网络发展状况统计报告》显示，2017 年 80% 的用户手机中的 App 数量不超过 35 个，但微信、微博等使用最多的3个App的使用时长占App总使用时长的50% 以上。微信是目前中国非常活跃的社交平台，品牌与用户的沟通，大都离不开微信平台的运营。

目前，基于微信这一社交平台的营销以账号投放的公关型内容营销为主，此外还有朋友圈、广点通、优雅大图等微信官方的广告产品。

相关数据显示，目前微信公众号已经超过2000万个，企业有大量不同垂直领域的内容账号可以选择，并根据自身内容的需求挑选精准账号。若想要打通一个圈层，微信无疑是合适的渠道。在微信上经过无数次验证的高质量的内容＋垂直类优质资源是可以打通一个圈层的。在账号投放上，除了内容本身的创意沟通，账号的选择组合也有一定的策略可参考。

头部KOL账号打通圈层。头部KOL账号的运用具有行业风向标的作用。对预算充足的企业来说，头部KOL账号的运用可以制造对品牌优良的背书感。在2000多万个微信公众号中，头部KOL账号约占0.1%，如果内容做到足够优质且和头部KOL账号本身匹配，一个头部KOL账号就可能覆盖一个领域内的所有用户。但是，头部

KOL账号的价格已超出中小型企业的预算，中小型企业需要根据自身需求考量。

阶段性兴趣类KOL账号垂直集中覆盖。除了头部KOL账号，微信平台上还有大量粉丝基数较小，但也常常能带来极好的品牌沟通效果甚至购买转化的账号。这类账号因更小众，在其内容领域也更精准，其粉丝也更具共性，尤其重要的是，通常价格较低。如果在同一时间段内投放一批同类账号，也能形成规模效应，如一个新的酒店开业，它在短时间内集中投放精品酒店及设计类账号进行密集曝光，再辅以高质量的内容，就很容易在让酒店开业的消息传播开。

对于有海量KOL账号需求的企业，建议选择用新榜、领库排行榜等工具去监测该KOL账号在一个行业内的影响力和用户活性，或者用BlueView这样的工具去监测该KOL账号的数据表现。

但微信平台的劣势也很明显，主要有以下3项。

- 微信自媒体账号对内容生产的质量要求较高，但常常因为执行团队的内容生产能力不足而沦为企业内宣的工具。
- 微信平台相对封闭，容易制造视觉上的"刷屏感"，但很难迅速在短时间内制造真正的公众事件。
- 目前，头部 KOL 账号的价格高昂，少有中小型企业主可以尝试。

Tips：一定要投放头部KOL账号吗

2018年，背靠GQ中国的"GQ实验室"拔得自媒体创收的头筹，年收入超过1亿元。在单条微信80万元以上的价格下，其2019年的档期仍被一抢而空，这创造了中国自媒体行业的最高纪录。但是，与其攒钱满足自己跟风投头部KOL账号的心理，不如基于自己的人群和营销目标，把预算合理地分配到微信环境中的广告产品中。目前，微信广告已经基于整个微信的内容环境开发出众多展示型产品，可以分地域、分人群、分内容，在各个微信账号的内容中或文末展现，其每千人成本比头部KOL账号低。

对大型企业来说，运用头部KOL账号是利用其优质的原创能力，为自己增加更多的优质内容，因此大型企业并不在意一时的当下转化。而对于大量中小型企业来说，如果没有足够的预算，与其将自己所有的预算都投放到一个头部KOL账号上，并期待这个头部KOL账号的发稿让自己名满天下，不如借助微信的获客能力让自己切实触达自己想要触达的目标客群。

3. 抖音、快手等短视频平台

抖音、快手等短视频平台是近年来大热的流量新贵，其最大的特点是全屏竖版视频。与在微博、微信上的横版视频相比，竖版视频最大的特点是让用户拥有沉浸式的体验，从而起到良好的带货效果。但由于其内容形式，其内容制作门槛较高。

目前，抖音平台的营销以和KOL合作定制内容为主。由于短视频行业刚刚兴起，KOL的价格还未完全统一，存在极大的信息差，但是企业可以在如卡思数据、领库排行榜等短视频行业数据网站上，从各个维度查看抖音、快手的KOL的数据表现和排名，以作为与其合作的参考。

Tips：社交类账号效果监测工具

新榜：新媒体数据网站，主要监测KOL的活跃指数，涵盖微信自媒体账号、微博账号、头条号、抖音账号、微信小程序、淘直播等；分为日榜、周榜、月榜，可以实时看到最新的自媒体账号排名、发布量、阅读数、互动数等数据表现。

领库排行榜：自媒体账号监测及榜单平台，主要包括微信及微博自媒体账号；基于自媒体的影响力、传播力、用户价值对自媒体账户进行排名。

分钟级监测：微信文章监测工具，可实时监测已发布文章的阅读、点赞等数据表现，对未发布文章可按微信公众号监测，对已发布文章可输入文章链接监测。

卡思数据：短视频数据网站，主要提供抖音、快手、bilibili、美拍、秒拍等国内几乎所有短视频平台的数据表现及榜单排名，可实时显示在各个平台上影响力最大和传播表现最好的视频账号。

除此之外，国内还有很多微信公众号可以提供优质的社会化营销的数据和分析报告，如撕纸虎、SocialBeta等。

6.2.3　搜索营销

搜索营销泛指在用户在互联网上进行主动搜索之后，对用户的需求和搜索结果信息进行管理。由于搜索行为是用户在有主动需求后出现的行为，因此搜索营销的优势在于所有用户都是精准用户，转化率非常高。

目前，百度是中国最大的搜索引擎。百度的流量90%以上集中在移动端，所以针对百度移动端的搜索营销成为主战场。目前，对搜索营销使用较为娴熟的主要是医疗和电商行业的企业。大多数传统企业对搜索营销的重视程度不及社会化营销，但事实上针对那些对产品需求有较专业性了解的用户，搜索营销是非常有效且性价比较高的一个选择。

目前，搜索营销主要分为两种：SEM和SEO。

1. SEM

SEM的全称为Search Engine Marketing，即搜索引擎营销，泛指所有与搜索引擎相关的广告售卖。目前，SEM以百度平台为主，比较常见的百度SEM产品有百度品牌专区和百度关键词购买。除百度SEM产品外，SEM产品还有垂直搜索平台的SEM。

（1）百度品牌专区

百度品牌专区可以很好地展示品牌形象及关键信息，统一搜索环境中的品牌品相呈现，并可以将主动搜索带来的流量按照品牌的意愿分配至微博等社交媒体或天猫、京东等电商平台上。但其劣势在于投入成本较高，起投门槛高，不太适合预算少的品牌。

（2）百度关键词购买

百度关键词购买是目前百度SEM的主流产品，品牌可以选择购买产品相关品类词、竞品词、通用词等，最大范围地覆盖与品牌相关的主动搜索人群，实现品牌广告的展现。例如，某专门针对牙齿过敏问题的牙膏，当时全年的数字媒介投资预算只有不到100万元，该牙膏品牌选择把全部预算都放在搜索营销上，针对"牙齿过敏怎么办""牙龈出血怎么办"投放该牙膏的广告，这是搜索营销中非常精准的解决方案。但是百度关键词购买的展现方式比较单一，一般是文字链接或者小图展示，不利于品牌展示，更适合效果转化。

目前，百度SEM产品已经广泛应用于医疗行业，但是在消费品领域内的应用还较少。如果你的产品是强功能性产品，可以借鉴以上某牙膏的做法。

（3）垂直搜索平台的SEM

虽然目前SEM的主战场是百度，但是随着社交媒体的发展，大量的原生内容日益在各个社交媒体上被生产出来，其中尤以微博、微信、知乎等内容平台为主。这几个平台中，微博因具备搜索及互动方便的特征，成为目前对搜索有对口需求的品牌的主战场。目前，有大量品牌尤其是小品牌把微博当作一个主动上门推销的平台，如某燕窝品牌专门为微博这个平台培养了一批团队，这些团队每天在微博站内搜索"美容养颜""保养品"等相关的关键词，然后到有相关困扰和需求的用户微博下评论、留言。美容美发行业、星座占卜行业的品牌也常采用此种方式。此种方式是主动搜索到用户需求，然后自我推销。利用此种方式找到的用户可以说是搜索中最为精准的一批人，而且在社交媒体上，这种投入基本上没有任何门槛，但是一旦收获用户，获客成本几乎为零。

2. SEO

SEO的全称为Search Engine Optimization，即搜索引擎优化，其中包括企业想要在用户输入搜索词后希望用户看到的呈现结果。和SEM的主战场在百度平台不同，

SEO的主战场包括各大垂直类搜索平台。

（1）SEO的本质

SEO的本质是内容。在互联网时代，电子商务类、生活服务类、新闻类、视频类App都为用户提供了更加精细的垂直信息获取的需求，面对一条陌生的信息，以往大家会直接去百度搜索，而现在可能会选择去专业知识类问答平台知乎等搜索，去美食资讯类平台大众点评等搜索，去购物平台淘宝、天猫、京东等搜索。根据 PwC 2017 年的全球零售报告，61%的中国用户通过天猫搜索开始他们的购物之旅，用户搜索行为的垂直分散对企业来说就意味着，企业需要把和品牌及产品相关的内容同步分发到用户所使用的、搜索时能看到的不同社交媒体及电商平台上。

（2）SEO的考量方式

在SEO结果的呈现上，当互联网信息搜索转换到移动端之后，对于SEO结果的优化更是要求SEO结果一定要出现在搜索结果的前两页，最好出现在第一页。因为第三页以后的结果虽然存在，但几乎等同于不存在。

所以，在搜索一个关键词以后希望出现的信息，包括公司官网、京东/天猫旗舰店、百度百科、百度问答等，都需要依靠专业的SEO团队去运营，以达到让这些重要信息出现在搜索结果第一页的目的。

另外，品牌的每一次营销事件产出的内容也都会作为结果沉淀在各个平台上，且由于单次营销事件中产出内容的媒介的势能和权重通常都较高，这部分内容会优先长期展现在搜索结果页，那么相应的，品牌在前期内容的沟通上就需要精心打磨和优化。

（3）SEO的主战场

除传统搜索平台百度以外，用户在做一项消费决策时一般使用较多的平台还有微博、知乎、小红书、大众点评等，甚至包括微信和今日头条，因此类似微信和今日头条这样的平台也都针对品牌推出了品牌专区这样的产品，以便于在用户搜索品牌关键词时可以呈现一个有较好品相的品牌官方展示。

各个平台SEO的方式都可归纳为一点，即选用该平台权重较高的渠道、媒体、KOL发布内容，使搜索结果排名靠前并被收录后永久沉淀在平台上。例如，百度可以优先优化百度百科、百度知道并选择百家号、权威主流门户发布内容；微博、小红书、知乎、大众点评等平台则可以和平台自有栏目合作共创内容，以及选择与优质KOL合作内容。

6.2.4　IP营销

IP的全称为Intellectual Property，即知识产权。在数字营销领域中，IP一般因其价值观和文化内涵而吸引到一批有共鸣的人群，它的承载形式包括但不限于文艺类作品、泛娱乐类作品，甚至有些品牌自身已经成为一个IP。由于现今营销行业中存在IP滥用的现象，因此我们需要先界定本书所讨论的IP的范畴。本书所讨论的IP，其在知名度和内涵价值上的大众认知度都非常广，如故宫、漫威电影等。对于大众知名度的标准我们可以通过其在社交媒体上的搜索、讨论等数据表现来界定。当然，这里还包括一个例外，即品牌自建IP，很多企业在持之以恒的品牌建设过程中，已经将其品牌打造成一个IP了，如代表着"快乐"与"梦想"的可口可乐。

之所以会对IP做这一界定，是因为品牌使用IP的目的。对营销工作人员来说，他们需要认清IP最核心的意义在于"更低成本的流量"。使用IP，本质上是想获取IP背后的这部分人群，一方面提高品牌在这部分人群中的知名度，将这部分人群变为品牌的拥簇者；另一方面借助IP自身的价值内核提升品牌的价值，实现"1+1＞2"的效果。因此，企业在选择IP合作时有两大考核标准：一是IP是否能为品牌带来知名度；二是IP是否能帮助品牌积累品牌资产。

1. IP的分类

现今，各类IP层出不穷，但从企业合作的目的层面来说，IP主要分为以下两大类。

（1）泛娱乐类IP

泛娱乐类IP包括影视、综艺、文化娱乐节目、作品等。这类IP通常因为有当红明星的加入或者有主流电视、视频网站的传播渠道资源而拥有极高的知名度。与这类IP合作，能让品牌自身的知名度在短时间内快速提升。

（2）文博类IP

文博类IP如故宫、大英博物馆等。这类IP虽然大部分知名度相对欠缺，但是其深厚的人文底蕴和文化内涵能赋予品牌价值，增加品牌的无形资产。

2. IP的选择

不管市场上有多少个IP，对企业来讲，只要牢记自己的首要目的——是要知名度，还是要品牌资产，还是二者都要，就能找到合适的IP。关于如何挑选IP，主要从以下3个方面来考虑。

（1）关注度

正如前文所说，企业选择合作的IP，要么要名（知名度），要么要利（品牌资产）。如果你是新创品牌或者有新品上市计划，首要考虑的就是在短时间内快速获取关注，那么泛娱乐类IP比较适合，如可以选择冠名一个拥有较大流量的综艺节目，或者选择与一部知名影视剧深度合作等。

（2）品牌资产

有的IP可能在知名度上没有足够的优势，但是其在文化底蕴、人文价值上有足够深厚的沉淀，如国家博物馆等都属于此类IP。和此类IP合作可以赋予品牌价值并沉淀为品牌自身的永久资产。在2017年因冠名知名电视节目《国家宝藏》而大火的水井坊，就是一个品牌资产与IP完美结合的优秀案例。

《国家宝藏》与白酒品牌水井坊，前者致力于让传统文化通过吸引眼球的国宝，继续活在大众的生活中，以传承实现保护；后者不仅是节目的冠名商，还拥有"双遗产"的国宝，包括奠基于全国重点文物保护单位水井街酒坊600年原址之上的水井坊博物馆，以及以国家级非物质文化遗产著称的传承600年的水井坊酒传统酿造技艺。

水井坊与《国家宝藏》的携手，完美地将品牌调性与节目氛围融合。二者的结合一点都不生硬，二者互相成就。水井坊也依托《国家宝藏》产生的现象及流量，被更多的用户知晓和认同。

（3）自建IP

除了向外寻求IP合作，品牌自身建设到一定程度，也能成为IP。IP因其独特的精神内核吸引到一部分人群，并和这部分人群共同丰富和延续自身。从某种程度上来说，品牌也在做同样的事，品牌构建出一套自身的价值体系，用户被其吸引成为品牌的忠实粉丝并自发维护品牌。当用户的规模足够大且时间足够长时，品牌便具备了IP的意义。在这一点上，很多美国老牌企业都是典型代表，如代表"快乐"与"梦想"的可口可乐，代表"坚持"与"不放弃"的NIKE等。

正在发展的中国品牌受到的启示是，品牌从一开始就应该构建一套自身的价值体系，并且在每一个营销活动乃至日常和用户的沟通中都一以贯之，当品牌产出的内容具有足够的延续性、用户感知足够深入时，品牌IP的种子也就种下了。

6.2.5 电商平台广告

在这一部分中，我们来谈谈电商平台广告投资应该怎么投。请注意，当我们在讲电商平台广告投资时，并不仅仅是指阿里巴巴、京东这样的电商平台内的站内广告产品应该如何买，因为现在平台营销的主流方向都是流量互通，所以站内和站外两个维度都是不可缺失的，需要贯穿平台内外一起来看。

1. 站内购买

阿里巴巴和京东站内购买的形式大同小异，阿里巴巴的产品更复杂、多元。除了大家熟知的直通车和钻展，还有多种多样的产品可供选择，在此做一个简要介绍。

（1）直通车和钻展

直通车和钻展承接品类搜索词的搜索结果展现。品牌可以购买与自身产品品类相关的品类词，但由于这个部分属于竞价投放，大部分通用词汇已经被竞价到一个较高的价格，大规模地购买品类词并将其转化为品牌词的流量红利时代已过。

（2）品牌专区

品牌专区有效承接所有站内对品牌的主动搜索流量。该产品类似于百度的品牌专区，品牌可以购买自己产品的品牌词，这样一来，在用户搜索品牌词时，就会立刻出现店铺的全方位展示，搜索结果首页可以呈现店铺的主打产品、品牌形象、最近促销政策等。

（3）霸屏风暴式投放

霸屏风暴式投放是指在短时间之内拿下阿里巴巴站内的大部分优质资源进行集中站内曝光。由于购买的单价较高，霸屏风暴式投放仅适合大型品牌和中型品牌配合营销活动来使用，尤其适合在新品上市时期制造广泛声量和集中曝光。如果不考虑用媒介购买的方式，那么可以考虑用站外的所有媒介资源投放来置换站内的资源，如置换天猫超级品牌日等站内重要的资源，最终实现站内的霸屏风暴式投放。

（4）内容SEO方式

内容SEO方式是指通过淘系平台内的大量内容给产品信息提供展示机会，如有好货、淘宝头条、淘宝直播、淘宝达人推荐等。内容SEO方式不像广告那样可以在短时间内转换，它适合做长线投资，作为内容营销，然后在一年一度大促的时候实现统一收割。

2. 站外购买

站外购买的方式多种多样，遵循在6.1.2节中提到的数字媒介阵地选择原则。有些平台因为与阿里系平台或京东属于同一集团体系，所以能够对双方的数据实现更好的对接和分析。主要的站外购买方式有如下几种。

（1）微博–阿里系平台

在微博上用内容的方式向用户营销，然后在阿里系平台上进行销售转化，某些网红电商采用的就是这样的方式，即用网红的内容生产稳固自己的流量池，将流量自主地带到阿里系平台上，实现销售转化。

（2）京腾计划

2015年，京东与腾讯推出京腾计划，以方便更好地将京东和腾讯这两个平台打通来看用户数据，综合二者的网购数据和社交数据一起来交叉分析人群。

（3）天合计划与京联计划

天合计划与京联计划是天猫和京东这两个平台分别推出的针对企业自投的站外资源的站内置换计划，只要企业在自己外投的广告中加上天猫或者京东的Logo，即可在站内按照比例换取一定量的权益。对原本就有在全国性媒体上投放广告计划的品牌来说，参与天合计划和京联计划可以增加自己站内的媒介权益。

（4）阿里数据银行

阿里数据银行作为阿里体系内较晚上线的平台工具性产品，它提供了一个比较完善的帮助品牌去追踪站内和站外所有数据并且沉淀数据的工具。

作为一个基础底层的工具，阿里数据银行解决了原来存在的不同渠道的数据割裂的问题，它可以对数据资产进行沉淀和持续追踪。对品牌来说，阿里数据银行提供了一个很好的帮助品牌持续积累用户资产、催化和培育品牌与用户关系的机会。面对纷繁复杂的数字环境，很多时候品牌需要专业数据协助自己更精准、便捷地圈定自己想要的人群，这些专业数据包括但不仅限于以下几项。

- 品牌自有用户数据和外部数据融合的数据。
- 天猫站内用户数据与站外用户数据融合的数据。
- 品牌现有人群特征、营销全链路行为分析数据。
- 品牌品类机会点分析数据。
- 品类人群特征分析数据。
- 特定明星代言的品牌对明星粉丝人群触达效果的分析等数据。

目前，大部分入驻阿里系平台的快消品品牌已开始良好地利用阿里数据银行，进行站内、站外营销数据打通。

对京东来说，虽然其后台没有提供像阿里数据银行一样完备的数据银行工具，但京东具有主打品牌电商的特色，且经过多年的积累，它已经拥有了一批有经济实力、有品牌消费习惯、以男性人群为主的消费人群。这部分消费人群对电器、书籍、酒水、茶叶等以男性消费人群为购买主体的品牌来说也是非常值得重视的优质人群。京东目前拥有的消费人群多为中产人群，所以有部分品牌将京东的站内广告作为一个广告投资的平台来获取这部分消费人群。

Tips: **主要的数字媒介广告购买形式**

CPM

CPM：Cost Per Mille，按千次展现计费。广告主根据自己需要达到的曝光量购买相应的CPM数量。这种广告不考虑计算点击，或者注册、下载之类的转化，只要这个广告在网站上被正常地展现给1000个人看到就计费。CPM是目前国内主流的数字媒介广告购买形式，也是品牌想在数字媒介上达到曝光的首选形式。

CPC

CPC：Cost Per Click，按每次点击收费。与CPM不同，CPC是无论这个广告被多少人看见，只要没有产生点击就不会产生广告费用。对广告主来说，选择 CPC 形式有助于提升转化率和降低费用。对以转化效果作为考核指标的广告主来说，如果要保证引流到电商店铺的效果，那么CPC是最常用的一种数字媒介广告购买形式。

CPA

CPA：Cost Per Acquisition，按每次获取收费。顾名思义，就是按照完成一个指定的标准或者行为动作来收费的形式。这个行为动作可以是注册、咨询、交易、下载、留言等。CPA形式多受到游戏类广告主、App下载类广告主的青睐。

CPD

CPD：Cost Per Day，按天收费。一些广告平台为了提高自己的产品溢价和品相，将一些优质的固定广告位按照时间段进行售卖，以平台的标准定价按天售卖。此购买逻辑等同于购买传统媒体中的纸媒版面或户外大牌。一般来说，强势的数字媒介平台才拥有这样的单方定价权，所以腾讯新闻、今日头条、美团等App的开屏广告多属于这类情况，广告主需要和数字媒介平台单独沟通才能知道某个广告位的具体价格。按区域定向、人群定向，可能会有不同程度的费用加收。

RTB

RTB：Real-Time Biding，实时竞价。源于谷歌，后被百度借鉴，成为SEM主流的购买形式。广告主在自己的账户中充钱，自行操作、自行投放广告。目前，腾讯、阿里巴巴、今日头条等国内主流的互联网平台都有这样的产品，专供中小型广告主自行充值、自己投放广告，并实时调整自己的广告投放额度。

6.3　不同预算量级的数字媒介广告的投放

在讲数字媒介广告投放时，无法回避的一个前提是预算。不一定要有很多预算才能做数字媒介广告投放。不同的预算量级意味着在数字环境中能够吸纳用户的量级是不同的，如果预算很多，那么在6.2节中提到的数字媒介五大阵地可以组合搭配使用；如果只有很少的预算，也照样可以玩出效果。数字营销的魅力就在于，其准入门槛低，不同的预算可以有不同的玩法，但每一种投放方式都可以形成流量的闭环，在投入产出比优化的合理情况下完成数字媒介投资到用户产出的正向循环。下面我们从4种预算量级出发，来分析不同预算量级的数字媒介广告的投放。

6.3.1　上亿元级预算

能够拥有上亿元级预算的品牌一般都是全国性品牌，对这样的品牌来说，声量和曝光无论投什么都是有保证的。而对于数字媒介投资的考量除了最基本的投资回报率，最重要的还是要思考如何让预算产生杠杆效应，直接抬高和竞争对手竞争的门槛，建立一个行业标杆，让对手难以超越。

要有花大钱的魄力。虽然拥有上亿元级预算的品牌很多，但是极少品牌有花钱的魄力，这是因为很多职业经理人没有足够的底气，也不知道如何说服老板自己的钱是花对了的，以至于不敢为自己花的钱负责。但是对拥有上亿元级预算的品牌来说，在做数字媒介投资分配时首先要有的一个概念就是，要有花大钱的魄力，要过滤掉众多虽然价格低但质量参差不齐的数字媒介资源，选择顶级的平台和资源。

利用好高预算带来的高门槛。在数字媒介资源的池子里，顶级资源通常具有高门槛。企业要做的就是利用好预算优势带来的高门槛，选择顶级资源，把其他竞争对手挡在门外，并利用顶级资源撬动其背后更大的资源，带来最大化的杠杆效应。例如，在数字媒介五大阵地中，杠杆效应最为明显的就是IP营销。IP自带大流量，品牌可以通过冠名天猫"双11"晚会等方式在短时间内获得集中的轰炸式曝光，打响知名度；也可以选择与一个泛娱乐类IP深度合作，做品牌与用户的持续性沟通。

电商平台的IP门槛优势尤为明显，如天猫超级品牌日、天猫小魔盒等，此类IP都对品牌有包括预算在内的各个维度的考核评估。但是它一旦与品牌达成合作，阿里巴巴就会为其合作配备平台最优质的站内资源及阿里体系内的专业团队协同IP的开发、推广等一系列运作。

利用高预算带来的与平台合作的优势。高预算带来的不仅有门槛优势，还有与平台合作的优势，具体体现为天猫和京东两大平台针对品牌推出的站外资源置换站内资源的媒介计划，即天合计划与京联计划。只要品牌在自己外投的广告中加上天猫或者京东的Logo，就可以在站内按照比例换取一定量的权益。对有上亿元级数字媒介广告预算的品牌来说，它们基本在全国性媒体及户外站台等本地线下媒体上都有投放计划，参与天合计划和京联计划可以为品牌争取到站内的媒介权益。洋河就是典型的案例，洋河通过在天猫站外既有投放的广告资源竞争到天猫超级品牌日，成功为品牌带来天猫超级品牌日这一站内核心IP的合作，以及IP背后天猫投入的顶级站内流量资源，从而获取了销售的巨幅增长，将竞争对手远远甩开。

对预算充足的品牌来说，在数字环境中可以运用核心IP 吸引大规模的用户关注，然后用其站外的所有声量在阿里巴巴、京东平台内置换一个高门槛的活动，收割用户的关注，取得曝光和销售双赢的效果。

6.3.2 千万元级预算

对拥有千万元级预算的品牌来说，数字媒介一旦分散在各渠道上预算就容易打水漂。因此，在数字媒介的选择上要有所侧重，首先考虑聚焦，选定一个目标客户最集中的数字媒介，然后集中精力做获客。在数字媒介投资策略上，精准的用户触点+低成本获客是拥有千万元级预算的品牌的核心。而在数字媒介阵地的选择上可以考虑以下两种方式：首选做社会化营销获客，然后配合搜索+少量的低价的合适的IP；其次是只做社会化营销获客，因为在用户的互联网行为中，社交行为的黏性最大，在数字媒介五大阵地中，社会化营销是低成本获客的典型方式。

例如，借助社交媒体投放迅速引爆知名度的护肤品牌HomeFacial Pro，就是以其独特的微信公众号投放策略打出知名度并迅速获客的。有数据统计，从2016年3月至2018年8月，HomeFacial Pro累计合作微信公众号1428个，投放6247次。

HomeFacial Pro的策略是，把几乎所有预算都用在微信公众号的密集投放上，通过将微信公众号进行分类，然后在固定时间段内对指定类型的账号进行密集投放，以实现用户在短期内被集中覆盖的目的。可以说，无论用户关注的是什么领域内的微信公众号，用户都能看到HomeFacial Pro的身影。HomeFacial Pro要让用户看到，在微信这个流量巨大的社交平台上，不同领域内的微信公众号都在为自己发出同样的声音。

同时，实时监测投放数据，优化投放微信公众号，择优加码投放，舍弃效果不好的微信公众号。据统计，HomeFacial Pro累计投放超过30次的微信公众号就有25个，而单次投放后被放弃的微信公众号高达687个，占投放总数的48%。最终HomeFacial Pro综合所有流量到其官方微信公众号及天猫旗舰店中，拉动销售增长，形成品牌复购。

而且，HomeFacial Pro拥有约26个SKU，在投放过程中不停轮换，既避免了同一个账号在短时间内多次投放一个单品招致用户的反感，又可以保证对优质微信公众号的粉丝的多次转化，提高对单个微信公众号流量的使用效能。

搜索营销。当然还有一种方式，就是搜索营销，前文已经讲过，由于用户一般都是有了主动需求之后才会产生搜索行为，所以搜索营销对产品功能需求比较明确、专业的产品来说，其转化效果非常高。因此，品牌可以选择将预算按比例分配在SEO和SEM上，SEM首选的平台是电商平台，而SEO则可以重点在小红书等平台上做内容营销，或者可以选择在微博上通过主动搜索到用户需求后进行互动推荐。

少量IP。虽然前文提过与IP合作需要有很多预算，但是IP的本质是低成本的流量，如果能够谈到价格合适、自带一定流量，且能为品牌价值赋能的IP，也可以选择尝试。现今有阿里鱼这样的平台拉低了与IP合作的价格，所以品牌如果遇到和自身产品匹配合适的IP，可以选择与其合作，为内容生产助力。

6.3.3 百万元级预算

拥有百万元级预算的品牌在数字媒介投资的选择组合上基本不可能选择太多广告曝光的数字媒介投资方式，因此建议拥有百万元级预算的品牌将其预算集中用于KOL。选择合适的KOL，通过KOL自有的影响力影响自有的粉丝，然后利用目前各个电商平台推出的帮助进行广告人群分析的数据打通平台，品牌就可以通过流量串联的方式以较低的成本实现在电商平台上的直接获客。

一方面，品牌可以选用微博–阿里系平台的合作，在微博上与KOL一起做内容营销，然后将用户引流至阿里系平台进行销售转化。例如，某电动牙刷品牌在微博上选择用大量中部的KOL做广泛覆盖，并为每一位KOL定制专属优惠码。这样，品牌一方面可以直接看到每一位KOL带来的进店数据和带货数据；另一方面，选择中部的KOL在费用上也相对更可控，当这批KOL的数量达到一定量级时，也能在这个平台上实现打爆知名度的效果。同时，微博自身的广告投放后台也拥有初级的用户标签筛选功能，品牌可以用较低的预算在一定周期内持续性地投放广告，触达目标用户，并可人工实时沟通，以即时引导转化。

除了微博-阿里系平台，京东和腾讯也合作推出了京腾计划，来帮助品牌整合两个平台上的用户数据来交叉分析人群。品牌在腾讯生态系统内的所有媒介投放都可以实现到京东的一键跳转，以实现用户留存和销售转化。

利用电商积累资金。百万元级预算有限，因此品牌在数字媒介的选择上就要有舍取舍。预算在百万元级的品牌中有很大一部分是电商类品牌。对这类品牌来说，它们可以选择将所有预算用在电商平台上，只做电商平台内的获客和转化。通过站内投放将销量迅速做大，增强自己的"造血"能力，在为品牌积累到足够的资金后再选择更多种数字媒介。

6.3.4 百万元以内的预算

预算在百万元级以内的品牌大多数是区域性品牌或初创品牌。对预算少的品牌来说，每一分钱都不能浪费，要确保花出去的每一分钱都能带来用户。在把投资回报率作为数字媒介投资的最重要的考量标准之后，数字媒介的选择和使用方式就清晰多了，首先可以否定数字硬广和IP营销，可供参考的媒介投资方式如下。

通过圈层营造声量，放大品牌效应。预算在百万元级以内的品牌大多数是区域性品牌或初创品牌，这类品牌往往很难依靠大的数字媒介投资迅速增加品牌知名度和用户基数，最合适、最讨巧的路径就是在有限的预算内最大化打造知名度，而圈层营销就是最合适的方式。

在数字媒介投资上需要非常聚焦，可以通过雇用区域内的KOL、与区域内的社群合作，制造在本地有影响力的公关话题，在圈层中营造出比实际知名度更高的声量，再以此为杠杆制造更大的品牌效应。也就是利用EPR、线下公关或者圈层KOL获取精准的圈层知名度。这种方式不仅能利用好有限的预算迅速打造圈层知名度，还能在一定程度上奠定品牌种子用户的稳定性和高端性。

迭代与升级：从CMO到CGO，你也可以。

第7章

/

企业数字化改革的迭代与升级

除了前文讲到的如何在数字时代打造成功的品牌、布局渠道、管理用户这些数字营销新玩法，企业数字化改革也已成为时下的热门话题。

近年来，外资快消行业、汽车行业、科技行业、时尚消费品行业、传统白酒行业、茶叶行业、传统文博文创行业，甚至政务服务行业，都已经开启数字化改革。

随着腾讯、阿里巴巴为企业端提供了先进的数字化服务，企业数字化改革的浪潮正在快速席卷中国市场，从营销端走向企业数字化改革的时代已经到来。

如果你所在的行业，竞争对手还未开启数字化改革，那么恭喜你，你已经抢占了先机。当一个行业的大部分企业都完成数字化改革的时候，决策速度、执行效能都将集体提速，势必带来更激烈的商业竞争环境，数字化改革的先行者将拥有新的竞争格局的话语权。而决策速度、执行效能低的企业，在面对更高维的竞争时，将很难实现高速增长，甚至被同行业竞争对手淘汰。在数字化改革浪潮中，掉队的企业终将走向衰败。

7.1 数字化改革赋予企业的三大动能

数字化改革将带来更加高效的执行效率，提升企业的作战能力。企业数字化改革是一个周期较长的系统化过程，但成功的企业数字化改革就像一驾马车一样，拉动成长缓慢、决策滞后、执行过程烦琐冗长的企业提速前进，赋予企业竞争与成长新的动力。

数字化改革赋予企业的三大动能如下图所示。

团队协同
效率提高

企业管理
效率提高

决策响应
速度提高

数字化改革赋予企业的三大动能

1. 团队协同效率提高

传统企业经常对面临跨部门沟通协作时的沟通障碍，如果企业能够从各个业务端口挑选出数字化改革对接人员，就会形成一个打破部门边界的团队。当团队进行作战时，尽快达成意见的统一和行动步调的一致，是充分展现团队强大战斗力的必要条件。

2. 企业管理效率提高

在传统企业中，信息需要层层汇报，各端口数据的搜集时效低下。在数字化的企业中，管理者只需关注由企业业务运行中信息系统所产生的海量数据生成的数据报告。企业数字化中台可以进行智能汇总、分析，并形成具有管理价值和能够帮助经营管理层做决策的直观的报表，来应对业务高度复杂的企业和瞬息万变的市场环境。

3. 决策响应速度提高

有了高效的团队协同和高效的企业管理效率，企业的执行角色无论是在修正错误后需要调整方向，还是发现了正确的目标需要全力投入，都能快速响应、高效推进。

一个优秀的数字化企业，能够打破各个传统职能别之间的壁垒，不仅仅是将数字作为营销或者销售的一部分，而是真正从企业的生意角度去思考数字化改革这个问题，从财务、供应链、销售网络、市场营销等各个职能别贯通，使各业务环节都能获得高效的支持。

7.1.1　建立数字化中台

2018年，互联网巨头腾讯和阿里巴巴迎来了架构大调整。

2018年9月，腾讯宣布内部架构大调整。在这次内部架构大调整中，腾讯在原有七大事业群的基础上进行重组整合，成立六大事业群，包括新成立的云与智慧产业事业群、平台与内容事业群，而原有的微信事业群、互动娱乐事业群、技术工程事业群、企业发展事业群继续保留。这一架构调整方案既保持了腾讯在To C领域的优势，又突出了腾讯对聚焦业务融合效应的高度重视。

其实，腾讯的调整一直有两条路可供选择：一是扩张，继续扩大To C业务布局；二是深化，加深B端业务布局，与C端业务链接。而这一次腾讯调整给出的答案是两条路都走。简而言之，就是通过提供腾讯到企业的B端、C端数据服务，让各企业都能从数字化中台到用户触达端形成闭环。

2018年11月，阿里巴巴进行了组织架构调整，在这次组织架构调整中，阿里巴巴的中台战略逐步鲜明。其实早在2015年阿里巴巴的中台战略就已提出，时任阿里巴巴集团CEO的张勇通过一封内部信说，"今天起，我们全面启动阿里巴巴集团2018年中台战略，构建符合数字时代的更创新、更灵活的'大中台、小前台'组织机制和业务机制"。推动中台战略的原因是"作为前台的一线业务更敏捷、更快速地适应瞬息万变的市场；中台将集合整个集团的运营数据能力、产品技术能力，对各前台业务形成强力支撑"。简而言之，就是建立像"数字空间站"一样的中枢支持部门。

业务前台需要什么技术支持、什么资源支持，都可以向数字化中台发起需求；财务数据需求、用户数据需求等数据技术模块不需要每次都改动底层进行研发，而是在底层不变动的情况下，在更丰富、更灵活地搭载数字化中台的基础上，让业务前台的需求更加灵活、敏捷地被解决。简而言之，就是企业前端工作的"机器手臂"，有了"数字空间站"的支持，"机器手臂"的执行速度更快、工作质量更高。

如果说阿里巴巴的中台战略是为了提速，那么腾讯内部的架构调整更能给传统企业的数字化改革带来一些新的启示。

腾讯和阿里巴巴这两家互联网巨头也许能给传统企业树立三大风向标，如下图所示。

传统企业应该学习从诞生就拥有数字化基因的企业，建立企业数字化中台。对内，数字化对内业务，提升内部运作核心效能；加载和搭建企业数字化对外接口，提升对外执行效能；形成一个1+N的积木组合模式，如下图所示。

在企业数字化业务前台中，营销部门通过营销活动与用户沟通，积累了大量用户信息、品牌表现等数据，这些数据积累在企业数字化中台中；销售部门通过渠道拓展、销售激励，积累了大量产品销售表现数据，这些数据也积累在企业数字化中台中。企业在企业数字化中台中对数据进行汇总，即时产出每一个前台业务行为带来的直接商业影响，以帮助自己迅速了解生意现状及制定优化策略。同时也通过持续积累用户数据、渠道信息，帮助自己持续追踪生意规模、用户规模及竞争格局的变化趋势。

无论是有充足预算建立"数字空间站"的大型企业，还是没有大规模技术搭建费用的初创企业，都应该拥有建立"数字空间站"的意识。大型企业可以通过与腾讯、阿里巴巴合作建立企业一方数字化中台，或是通过搭建企业数字化技术团队来自建企业数字中心；而初创企业可以依托微信服务号、阿里数据银行丰富的技术监测模块，为企业留存数据资产。让"数字空间站"为前端营销与销售业务提供即时、准确的反馈和指导。

7.1.2 赋能企业完成"大象转身"营销变革

如果说企业数字化中台是企业高效运作的心脏，那么市场部则是企业与用户沟通和各业务前台的大脑。在传统营销时代，市场部管理的是企业的核心虚拟资产，如品牌建设。在数字化改革的进程中，市场部依旧需要担负企业虚拟资产的建设与管理这一职责，这一点并没有改变。但除了在数字环境中进行品牌建设，营销部门还增加了一个很重要的职责，那就是用户资产管理。

传统企业的营销部门已经不能满足数字环境中的营销需求。无论是AIPL（Awareness，品牌认知人群；Interest，品牌兴趣人群；Purchase，品牌购买人群；Loyalty，品牌忠诚人群）模型，还是AARRR模型，对比传统企业的营销部门，都有了一个显著的改变——企业的注意力已不再局限于已购买用户，而是提前从潜在用户这一环节着手管理，从潜客源头进行用户培育，提升获客转化效果。

同时，数字时代的营销部门能即时获取用户的点击互动数据，以及留言、分享、测评等内容，对比传统研究拥有了很大的时效提升，营销部门的研究人员有了更快捷、更准确的用户信息来源，也促进了用户研究的精准度提升和时效提升。数字时代的营销部门应该配备专业的用户研究人才，或者与企业现有研究团队合并，给予企业更快捷、更准确的用户洞察，指导品牌、传播、销售、产品开发部门进行改革，提升企业的盈利能力。

另外，数字时代的营销部门还需要"勇于插手"电商销售。在很多企业中，关于电商部门到底该由市场部来管理还是由销售部来管理存在争议，其实答案并不难。如果企业将电商平台作为以提升品牌知名度、培育用户、转化竞品用户等为目的的重要平台，那么电商部门应由市场部来管理，或者是与市场部深度合作。基于与电商部门共同的商业目标，数字时代的营销部门应该配以专人进行电商平台战略的规划、电商平台内品牌营销活动的开展，以及电商平台内新品的开拓。

所以，在企业数字化改革进程中，数字化营销管理具有三大基本功能，如下图所示。

无论是企业营销管理团队，还是企业数字化营销团队，都需要具备以上三大基本功能。这三大基本功能分别管理企业的品牌形象资产、用户数据资产、线上销售渠道资产。

每一次营销活动都需要充分调动以上三大基本功能来协作，将品牌传播概念与用户、销售转化紧密结合，实现每一次营销活动都能完成"人、货、场"的闭环测试。通过打通从传播到销售的路径，找到营销到销售转化中的问题所在或潜在增长机会，以赋能企业实现持续增长。

对企业而言，数字化营销团队更像是一块试验田，大到品牌沟通信息、产品开发概念，小到用户服务机制、促销行为，都能进行即时、小规模又低成本的测试。

数字时代的营销管理需要更"落地"，每一次营销活动设计都需要为更具有商业影响力的结果负责。企业可以将数字化营销团队当作企业增长的实验室，低成本测试执行战术，即时为企业增长持续产出新动能。数字化营销团队的三大核心考核目标如下图所示。

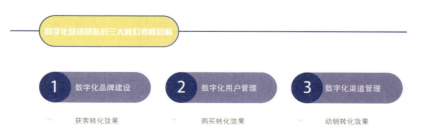

7.2 培养具有增长思维的操盘手

人才是企业持续增长的核心动力，在数字时代，每一家企业都要重视培养具有增长思维的操盘手。

7.2.1 突破人才瓶颈

数字时代的人才需要对技术和创意都敏感，简单来说，就是需要成为拥有技术和创意的复合型人才。提到企业数字化人员招聘，很多企业都会感叹难以找到匹配的人才，毕竟这样的复合型人才还没有被大量培养出来，数字时代的数据、技术发展又切实增加了企业对这样的复合型人才的需求。

在数字化时代，传统营销人才并没有完全过时，只是缺乏了培养复合能力的机会与土壤。很多思维的逻辑都是相通的，只是运用的土壤不同。从互联网巨头的人才发展中其实可以看出端倪，在平台高速发展扩张期，京东、天猫将目光瞄准了传统行业的营销人才，大量挖掘传统快消品企业的研究、渠道管理、品牌传播、公关等人才。这些人才经历了数字化工具、互联网思维的统合，转型为优秀的电商用户研究专家、用户标签科学家、站内营销活动策划达人。传统企业如果已经拥有一批优秀的传统营销人才，那么更应该重视传统营销人才的转型，而不是大规模地对外招聘。

如果需要对外招聘人才，那么我们建议企业招聘互联网时代原生的"运营""技术""算法"等人才。

所以，企业的数字化营销人才培养或招聘，可以基于数字化营销管理的三大基本功能以下几个维度入手。

1. 数字化品牌建设

（1）人才能力维度

管理品牌传播

通过打造有吸引力的品牌内容，活化品牌形象，建立数字环境中的品牌认知、产品教育、用户培育。

构建场景营销

针对社交、新闻、电商等不同数字生态，策划差异化、定制化的沟通创意，激励获客转化、销售达成。

开发、创新产品

即时洞察用户在数字环境中的产品反馈，优化产品服务；根据不同用户层级的需求创新产品，在数字环境中进行销售转化测试，反哺传统渠道产品革新优化。

招募潜在用户

设计用户旅程，促进获客、销售的有效转化；懂得利用已有用户资产，提升用户精准度，提升企业营销投资的有效性。

（2）人才培养或招聘

激励拥有传统营销品牌经理工作经验的传统营销人才转型或招聘数字传播人才。

2. 数字化用户管理

（1）人才能力维度

用户运营

数字时代的会员管理，应该扩大为用户管理。企业应进行从"知晓"到"忠诚"全链路的用户管理。在用户进入体系后，激励各层级用户转化、激励用户分享、激励用户购买、促进老带新、寻找高质量的KOL等，有效激活企业的用户资产，最终实现企业增长。

用户洞察

懂得利用技术和算法标签化用户，并且拥有用户行为路径、驱动力、舆情分析等洞察能力，能为市场部的其他团队，如品牌团队、产品团队、传播团队、活动执行团队产出即时、准确的用户反馈。

（2）人才培养或招聘

激励拥有传统营销会员经理工作经验的传统营销人才转型或招聘具有互联网电商用户运营工作经验的人才。

3. 数字化渠道管理

（1）人才能力维度

管理线上体验渠道

为企业确定清晰的线上销售平台定位，以"建立线上用户品牌体验触点"为核心目标，搭建数字化销售平台，给予用户从知晓、产生兴趣、购买到对品牌忠诚完整的品牌体验闭环。

扩大线上销售增量

高效管理线上细分销售场景及渠道，实现与企业线下销售的互补。

（2）人才培养或招聘

激励拥有传统营销工作经验的传统营销人才转型或招聘具有互联网电商店铺运营工作经验的人才。

总而言之，在数字时代，营销管理者需要打破单点的创意思维，建立流量体系化思维，建立用户运营思维，一切以商业结果为导向，成为数字化营销人才，在数字化变革中不断成长。

7.2.2　关注企业中的黑马类人才

还有几类人才，纵使没有管理品牌、管理用户、管理渠道的工作经验，但也适合作为企业数字化营销人才培养的重要储备。这几类人才是企业中的黑马类人才，他们分别是自我驱动型人才、思考型人才、感受型+行动型人才，如下图所示。

① 自我驱动型人才　　② 思考型人才　　③ 感受型+行动型人才

企业中的黑马类人才

1. 自我驱动型人才

自我驱动型人才是指自己当自己的"CEO"、拥抱变化、拥抱新技术的创新型人才和学习型人才。互联网时代的一切都在快速发展，互联网时代对知识的更迭要求很高，人才不能有"依靠过去经验"的心态，所以人才需要不断学习，才能不断适应这个时代。

以产品经理为例，产品经理应该是深度热爱自己所处的行业，能通过一款产品来影响改变一部分人的生活，甚至推动社会进程的人；应该有极强的使命感和责任感；应该能明白自己的初心，懂得坚持，会想方设法来改善和优化自己的产品。因为在一个团队里，产品经理要对接设计、开发、商务、测试、运营等团队资源，并协调团队资源来完成自己的目标。产品经理的角色与CEO是类似的。特别是在创业团队中，产品经理什么都需要考虑，既要考虑产品什么时候上线，又要考虑推广产品时的投入产出比。所有与产品相关的工作，产品经理都要掌控和把握。

2. 思考型人才

思考型人才是指拥有全局观，并不拘泥于自己手里的"一亩三分地"，善于跳脱出来主动探索营销方位的触点，进行全链路或营销闭环效果深度思考的人才。

思考型人才是当今营销团队中一个重要的因子，他们既能制定严谨的策略，又能在项目执行过程中不断突破，并且擅长项目执行后的数据及投资回报率优化分析。

这类既能打破单一技能壁垒，又具有全局策略思考能力的人才，是企业重要的连接型人才，是每个团队都不可或缺的小型"CEO"。

3. 感受型+行动型人才

在品牌人格化的时代，品牌管理团队要能深刻理解自己要塑造的品牌性格代表着哪个群体的利益和诉求。感受型+行动型人才主要负责和用户互动，并及时产生贴近用户情感利益诉求、有共情能力的沟通内容。

数字时代是一个需要内容不断更新的时代，数字时代的营销管理者需要主导每一个故事和频繁的用户沟通。企业需要能换位思考，能迅速感知某个社会群体真正的所思所想，并且将他们的感受与品牌体验结合的人才。

如果说成熟的数字化营销人才是企业数字化改革的领头羊，那么黑马类人才更像是企业数字化改革的中坚力量。思维开阔、自我驱动力强、清晰了解商业目标、能高效执行的黑马类人才储备，是企业数字化改革成败的关键。

7.3　企业需要管理营销增长的领头羊

除了人才储备，企业数字化改革也带给了企业高级管理者全新的课题和考验。

1. 传统CMO的三大招数

传统CMO的三大招数：定主K（创意广告画面）、投广告、做地推，曾被大家认为是有效的营销技能。沈帅波在《迭代》中提出了一个颇有意味的观点：上一代营销人认为自己是无所不能的，因为他们开创了无数个销售额在亿元以上的市场。但其实是黄金时代造就了他们，而不是他们造就了黄金时代。传统CMO或许真的碰上了好时代，他们或许曾经借助于时代的需求取得了斐然的成绩，但传统CMO的能力对这些成绩的取得来说或许只是冰山一角。当我们跨入快速发展的数字时代时，虽然市场营销的基本道理还是一样的，但是传统CMO在传统企业中练就的三大招数的应用边界条件发生了变化，恰好导致这三大招数在数字时代不再适用，所以传统CMO不得不面临一个可怕的问题：自己的技能老旧，自己再不迭代技能就要被淘汰了。

过去，在营销过程中往往在发起活动或投放广告后，营销动作就结束了。而在当下的营销中，CMO需要深刻了解整体的营销效果转化、需要了解数据非常透明的线上直接转化率。现在，KPI（Key Performance Indicator，关键绩效指标）变得严苛又理性，而且现在所有的手段都是可视的，数据造假也会被发现。企业对于营销的需求也远不止于发起活动或投放广告，用户的增长、投放转化等在传统的营销途径之外的许多维度纷纷涌现，企业对于营销的需求路径更长了，CMO需要贯穿路径中的每一步和每一个维度。

同时，CMO在操盘时也不能只花钱不挣钱、只管宣传不看销售。CMO必须从花钱中找到用户增长和销售增长，大部分企业要求CMO通过增长部分的利润去测算再次营销的预算。

2. 从CMO到CGO

2018年3月，可口可乐公司宣布用CGO（Chief Growth Officer，首席增长官）替代CMO来统一管理市场营销、战略和用户，可口可乐公司首次把CGO这个词推到众人面前。那么，CGO到底是什么？CGO有哪些职能呢？

CGO是企业增长的管理者，CGO的职能如下图所示。

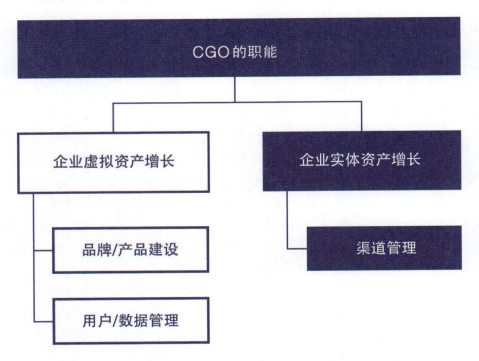

从CMO到CGO，营销管理者要完成职能迭代和思维方式迭代。

（1）营销管理者的职能迭代

与销售高度捆绑

营销管理者同时兼具了市场推广和营销获客的职能，把销售置于市场中，对销售和增长负责；对提前做好的营销规划框架，需要根据实际情况做出动态改变和决策并提升执行效率。

传播层面

数字和交互占据了主导，营销管理者在制定传播策略时，需要深度认识市场环境、竞争环境、用户需求、场景等因素，不能局限于"传播"这个层面；要以对行业和市场深刻认识分析的能力、较强的市场感知能力，快速把握市场动态、市场方向，做出用户分析、营销策划、品牌塑造推广。

（2）营销管理者的思维方式迭代

流量思维

营销管理者需要建立一套与品牌发展和企业流程相符的市场策略，整合与营销战略相匹配和连接的数字营销流程，来提升流量、提升互动、提升销量；要具备在电商平台上推广品牌和产品的能力和思维，有效提升产品在电商平台上的品牌美誉度及销量；要能鉴别数字媒介方（如BAT）并与之建立良好的合作。

数据驱动营销

营销管理者要在正确的沟通文本中更加精确地触及核心用户群体，制定以数据为驱动能帮助生意增长的方案；要善于架构数字化营销活动及用户数字化旅程，从而更好地落地核心传播策略，提升用户数字化体验；要善于数据挖掘、数据管理、数据分析、信息交易工作，将数据搜集和分析的相关知识运用到其品牌营销中，让数据发挥其最大的功能。

增长思维

营销管理者需要连接各个部门，如销售部、市场部、运营部等；规划品牌的用户、流量、销售增长；设计市场增长战略蓝图；提升触达用户与交易的效率；把握前沿趋势。

内容营销

营销管理者要管理内容运营，精准营销，与用户深度互动，因为在"内容为王"的时代，好的内容能快速激发用户互动；要适应不断变化的营销玩法，如社交裂变、异业合作、跨界营销、快速引爆等。

创新力提升

创新极其重要，营销管理者要不断提升创新力，以创新为互动营销带来全新的价值。

市场策略

营销管理者要能产出优化策略，与市场发展快速匹配；要能娴熟地制定市场策略；要有预测未来用户行为变化的工作能力和潜力；要掌握贯穿所有数字业务的数字营销策略；要有能力评估当下层出不穷的新技术，并采纳和整合新技术与营销。

3. 数字化时代的营销管理者应具备的能力

2017年年底，全球知名的独立市场调研机构Forrester Research发布了一篇名为《预测2018：业务增长压力加大，CMO将面临更多挑战》的趋势研究报告。该报告指出，数字经济的便利性及选择的多样性让用户随时随地都可能被那些当下打动他的品牌吸引从而付费，这样的背景让CMO必须变身增长工程师，而不仅仅精通传播战役的打造及品牌的传播。

可口可乐公司对于CGO的决定似乎在暗示着，如果不拥抱转型、不拥抱数字化改革，越来越多的CMO将会被CGO替代。同时，可口可乐公司在招聘数字营销总监时，也提出明确的职位要求：数字营销总监的核心职能是数字营销和互动营销，数字营销总监要把数字交互与策略制定连接起来，建立一个与用户互动的全方位的数字化生态环境；数字营销总监在此生态环境中需要掌握移动营销、社交、CRM、数字管理等技能，要有对供应商的管理能力，要能建立与用户的直接沟通，要有清晰、透彻的思考力和强大的领导力，要能带领企业建立一个优秀的数字化营销团队。

（1）数字化时代的营销管理者应该怎样管人管事

部分营销管理者曾遇到过这类问题：被高层质疑自己的工作是否有效。如果营销管理者做好两件事情，就能给高层一个很好的答案，这两件事情分别是管人和管事。

在管人上，市场部需要的是一支合力做好事情的团队，这支团队应该在营销管理者的管理下迅速反应，愈战愈强。但是，当营销管理者招不到想要的人才、招不到素质全面的人才时怎么办呢？首先我们来探讨一个问题，是不是招到一个100%理想的人，就能解决所有问题？答案显然是否定的。营销管理者要倡导和达到的目的是，让全团队都拥有数字思维，传统营销是"漏斗"思维，以流量为起点不断收缩，而数字思维是从核心价值出发不断做乘法，数字思维的培养和统一对团队统一作战的配合度和融合度来说非常有必要。营销行业需要的人才，要有非常活跃的思维、要有迭代的能力、要有创新思维，不止数字营销工作者，团队的每个成员都要主动思考自己的职能、都要主动迭代思考。

虽然好的人才可遇而不可求，但是值得反思的是，如何在现有的团队成员里，最大化地挖掘每个人的优势并组合为自己想要的那个人。这是营销管理者所需具备的能力中最重要的一个，营销管理者不仅要具有挖人的能力，还要擅长做团队成员的长短板组合，在资源投放时按照不同职位匹配不同的资源和给予不同事情的不同权限，对团队成员也不能用同一个维度、同一种标准去考核和评估。不同职位需要拥有不同的核心能力，如品牌推广职位，需要把提高品牌知名度和美誉度、提高品牌影响力和溢价能力放在能力的首位，然后是不断创造内容、商务洽谈的能力；公关职位，首先要考虑操控情绪、运用媒介及整合资源的能力。

同时，在用人时也需要考虑到个人的特质，如性格、爱好、年龄、价值观等，年轻人有非常多的创造欲望，洞察能力也强，适合做创意；中年人有自己积累的经验和人脉，对一件事的可行性会有迅速的、基础的判断与了解；再年长一点的人就会更具备看清事情本质、看清行业方向的能力。所以在组建一个团队时，不是一味地追求年轻化和统一化，而是做好不同的分工和建设，组建能力和技能兼具的混合型团队。

在管事上，市场部发现问题的能力比被动地等待企业出现问题再解决的能力重要许多，市场部不能只是被动地解决企业已经出现的问题，而是应该主动发现和找出问题。所以营销管理者和他带领的团队必须接触最前沿的信息，以便为企业的发展输出新鲜的观点并承担核心职能。营销管理者和他带领的团队需要主动思考和不断提升自身的专业性，这就需要一种非常好的工作环境和文化氛围，让全员都能全身心投入进来，并让全员随着自己对行业的理解、对技能的追求，不断产生自我驱动并投入到工作中。

所以，营销行业需要擅长学习、积极进取和活跃的人才，而这样的人才是需要营销管理者去主导的。营销管理者需要鼓励和奖励具有迭代价值观的人，奖励在自我迭代中有执行性的人，以带动其他员工效仿这些人。在管理团队时，营销管理者需要制定透明、公开的升职加薪体系和可视化的上升通道。在日常工作中，营销管理者也不能太死板地去追究过程，以及每个人解决问题的动作是否标准化，而只需看结果。

（2）数字时代的营销管理者应该怎样达到品效合一

在数字时代，营销管理者的定位不再是"首席广告花钱官""首席活动运营官"，营销的生态也不再是推广和促销、品牌宣传和销售分离开来。以往在做线下硬广投放时，由于技术原因无法监控每一块屏幕的具体效果，但在数字时代，效果变得可视化了。同时，以往部门间的分割也导致做品牌投放的和做销售的不是同一个部门，但在数字时代，不同部门终于做到了合一。技术的发展让品牌的变现能力和溢价价值与广告的转化效果得到充分的融合，在某种意义上，营销管理者拥有品效合一的技能才能更好地提高营销效率、降低企业成本，并用品效合一的技能和思维去完成高质量的营销。这要求营销管理者在做投放策略和量化KPI时，用科学的营销方法和成熟的平台技术，建立"技术+营销"的品效合一的思维方式和考核方法。每次营销推广达成的目标和效果都需要量化。数字时代对营销管理者品效合一的技能要求越来越高，品牌的销量和品牌的声量，应该同时考虑并达标。

营销是一份需要好内容和好创意的工作，需要艺术化的"右脑"，然而在数字时代，我们在洞悉一件事物时，不能再单纯地依赖"右脑"的主观反馈，而是越来越需要数据的支撑、理性的分析。大数据非常精准地分析着人们在生活中的一举一动，甚至当你打开某个App时，大数据就可以分析出你的下一步行为。在数字时代，大众的注意力十分分散，"用钱砸广告"不一定能"砸"出好的创意和内容，所以品牌需要在一个同质化的环境中保持创意和被注意，以创意拉动流量。面对不断变化的营销工具和方式、不断变化的用户沟通方式，营销管理者需要掌握的技能和方法需要更全面且有效。营销管理者不仅要有洞悉用户需求的能力，还要有数字分析能力，时代的发展让传统的营销管理者都兼具了"左脑技术，右脑创意"。

营销管理应该更加重视创新和创意的力量，从生活的感知和微小的需求中去寻找生活中的"痛点"，同时结合品牌的文化和特性去做延展，把营销和产品充分结合，形成一个完整的体验体系，从大数据中洞察到真实的需求和目标用户，营造共鸣并实现转化，最终达到品效合一。

（3）数字时代的营销管理者应该怎样做决策判断

营销管理者还要具备一项很重要的能力——决策能力。决策直接影响到整个项目的发展、影响到团队氛围和效率，因此决策能力是非常重要的能力。在日常工作中，营销管理者面临着非常多需要快速做决策的事情，虽然市场的审美、价值取向等每天都在变，但营销管理者做决策的终极目标不能变。

对一个项目做决策，在确定目标—分解目标—倒推市场活动—执行的过程中，应该投入多少、达到什么效果，对此，营销管理者需要做好数据分析、做好效果评估。营销管理者需要有"虚""实"结合的决策能力。"虚"是指直觉、心里对一件事情和趋势的感官判断。"实"是指摸清事实、了解真相、用数据来支撑决策和衡量利弊，对出现的问题要自问：我要做的事情有什么价值？我的目标是什么？这个事情的趋势怎么判断？我侧重的是质量还是数量？

或许每个人都有一套自己的决策方法论和价值观，人的经历、观念、诉求、文化水平、专业程度等诸多因素都会影响其决策，虽然决策不能标准化，但是结果是可视的。不同行业有不同的考核体系，和传统CMO不同的是，数字时代的营销管理者的职能、技能、评估体系，都与行业息息相关，充满了多样化和多变性，但最终营销管理者的目标都是让品牌与营销更靠近，不断为品牌创造新价值、新增长。